小泉進次郎と福田達夫

田﨑史郎

文春新書

1148

衆議院第一議員会館・小泉進次郎事務所にて

まえがき

小泉進次郎と福田達夫の対談の司会を務めた。私にとって初の試みで、実は不安だった。二人のかみ合わせはどうか、話が弾むか、功成り名遂げた国会議員ならまだしも、衆院当選二、三回の若手議員同士の対談が成り立つのかどうか……。頼みは小泉の知名度と、二人の父親が首相経験者というのが偽らざる本音だった。

だが、すべて杞憂に終わった。福田は政治家らしからぬ「冷徹な観察者」という特質を持ち、いっしょに取り組んだ全農改革を通じて内側から見た小泉の実像を鋭く指摘した。それに対して、小泉は自分の欠点を素直に認め、福田の能力を高く評価した。相手の長所、短所を指摘し合うことによって、二人の人物像がくっきりと浮かび上がった。

小泉進次郎は一九八一年（昭和五十六年）四月十四日に元首相・小泉純一郎の二男として生まれた。政界ナンバーワンの人気者だ。福田達夫は一九六七年（同四十二年）三月五日に、元首相・福田康夫の長男として生まれた。福田が十四歳も年上だが、国会議員のランクは基本的に当選回数で決まる。小泉は二〇〇九年八月、自民党が大敗を喫した総選挙で初当選し現在当選三回、福田はその次の二〇一二年十二月の総選挙で初当選した。たった一回とはいえ、小泉が早く当選したので、序列では先輩ということになる。今回の対談のきっかけとなった全農改革でも、小泉は自民党農林部会の部会長、福田は小泉が指名した部会長代理の立場であった。福田は小泉に比べると、知名度が低い。しかし、父・康夫の秘書官になるまで勤めていた三菱商事にそのまま残っていれば、少なくとも役員になっていたと言われる。二〇一二年衆院選初当選組は「魔の二回生」と呼ばれ、問題を起こす議員が多いが、その中で出色の政治家だ。

二人の対談は二〇一七年四月から七月にかけて計七回、各一〜二時間ずつの計約十時間、衆議院第一議員会館三階の小泉事務所会議室で行われた。対談中、小泉は福田のことを「達夫さん」、福田はつねに「部会長」という役職で呼んだ。年の差はあっても、「組織の三菱」と言われる三菱商事で十一年間、サラリーマン生活を送ったからだろう、年齢に関係なく上司に仕えるのが習い性になっているようだ。

二人の話は政治家を目指した動機に始まり、父親との関係などそれぞれの家庭内事情、全農改革の内幕、農業の未来、互いの欠点——と広範囲に及んだ。話を聞きながら、たびたび小泉政権時代の「小泉純一郎首相—福田康夫官房長官」の関係を思い出した。

純一郎は自分の関心事項については大胆な決断をしたものの、それほど関心がないことについては担当大臣らに丸投げした。このスタイルだと、抜け落ちたり、後始末したりしなければならない問題が日々生じる。その落ち穂拾いを福田は丹念に行っていた。小泉政権時代のこの政権運営の手法が、全農改革における進次郎、達夫の関係にも投影されているようだった。

驚いたのは、小泉家と福田家で親子関係がまったく異なったことだ。小泉家は親子の情がひじょうに厚く、一方、福田家ではさばさばしていた。福田康夫が決して情が薄いというわけではない。子どもに対する愛情は同じであっても、表現の仕方が違うのだ。純一郎はストレートに表し、康夫は斜に構える。国民から支持されたかどうかという物差し、つまり内閣支持率で測ると、純一郎はひじょうに高く、康夫はそうでもなかった。この理由が親子関係を聞いて理解できたように思った。愛情を素直に表す分、純一郎の方が国民から見れば、親しみやすかったのだろう。

対談中、進次郎の口から語られる言葉は力強く、わかりやすかった。父親を彷彿とさせた。対する達夫は、緻密で論理的。しかも早口で言い回しが難しかった。達夫の話は理解するのにかなり苦労したが、物事を客観的にとらえ、鋭利なメスで切り捌いていくような言葉にたびたび膝を打った。

　それはともあれ、二人は全農改革を通して、これまでの農政、政治と農業団体との関係、さらに農林族議員の体質をも大転換した。これまでの農林族と言えば、農業者の票を欲しがり、そのために農業団体に頼まれたことをせっせせっせと実現する役割だった。農業者、農業団体側も何かと政治に頼って、国のおカネを引き出そうとした。その結果、農業が発展したか。農業者の高齢化が進み、生産額は減少し、増えたのは耕作放棄地だけという衰退を招いた。二人はその反省の上に立って、改革を進めた。その難事業の中で、お互いを知り、認め合う仲になった。

　本書では二人の対談だけでなく、彼らを知る国会議員六人にインタビューもした。官房長官・菅義偉、農水相・齋藤健、自民党農林・食料戦略調査会の会長・西川公也、同筆頭副会長・江藤拓、元党農林部会長代理・鈴木憲和、農水大臣政務官・上月良祐に思う存分、二人について語ってもらった。

　菅は政権の中枢に位置し、政権の采配を振る。西川は依然として農林族のドンとして君臨している。インタビューを通じて菅、西川が、二人を育てようとしていることがよくわかった。先輩が後輩を育てる自民党の伝統が、自民党が一時期を除いて政権党であり続ける理由の一つなのだろう。また、江藤、上月は将来、「小泉進次郎首相―福田達夫官房長官」の時代が来ると予想した。インタビューのために時間を割いてくださった皆さまに御礼を申し上げたい。

私はこれまで元首相・田中角栄、元自民党副総裁・金丸信、元官房長官・梶山静六、自由党党首・小沢一郎、それに首相・安倍晋三らを直接取材し、描いてきた。だが、つねに、その政治家の一部しか描けていないのではないかという不安にさいなまれた。それが、こうした対談形式で率直に語り合ってもらうならば、私が見過ごしていた部分にも光が当たり、その人物がより鮮明に浮かび上がってくることを知った。自分では六十七歳にして、政治家分析の新しい手法を発見したような思いである。

なお、対談中を除いて、敬称を略した。ご理解を賜りたい。

× ×

原稿の執筆を一通り終えたあと、衆院が解散され、十月十日公示―二十二日投票の日程で衆院選が行われた。小泉進次郎は四回目、福田達夫は三回目の当選を果した。小泉を大切に育てたいと語った西川公也は残念ながら落選した。ただし、肩書きは解散時点で統一した。官僚座談会は、出席者の希望で匿名とした。

小泉進次郎と福田達夫 ◎ 目次

まえがき　4

第1章　政治家一家に生まれて　15
福田「小泉家って親子の会話もワンフレーズなんですか」
小泉「そりゃね、ワンフレーズじゃ済まないよね」

第2章　子どもから見た、首相の孤高　51
福田「一億二千七百万人を背負って、おまえ決断しろって言われても、冷静に決断ができる。しかも、一億二千七百万人に対する愛情を込めて決断ができる」
小泉「マスコミは自分の都合がいいように発言を切るから。ワンフレーズだったらどこも切りようがない」

第3章　奇縁で結ばれ、農林族に　65
小泉「三十六歳でこの立場にいて、先輩の議員の皆さんの理解を得ながら自

分の進みたい方向に進もうとしたら、ぶっちぎりじゃないと認めてもらえないんですよ」
福田「政界は衆参合わせ七百十七人の国会議員の嫉妬の世界。みんな部会長を使おうと思っているか、おもしろくないと思っているか、たぶんそのどっちかですよ」

小泉「西川先生は、『あの人は聞き分けがいいねって、言われることはダメなんだ』って言う。聞いてしまったら負けなんだ」
福田「僕は、殴ったならば、もういっぺん殴れって言われました（笑）。殴って安心しちゃいけない。もういっぺん殴れ！」

小泉「戦わなければ政治家じゃないと思っていますからね。こっちとこっちの意見を聞いてまとめて、パパパッと繕ってお化粧して、はい、出来上がり

江藤拓・自民党農林・食料戦略調査会筆頭副会長〜進次郎君が弱ったときは助けに行く

齋藤健・農林水産大臣〜発信力に加え、受信力

鈴木憲和・元自民党農林部会部会長代理〜小泉、福田がマインドチェンジ

上月良祐・農林水産大臣政務官〜小泉さんは政策でワープした

農水官僚座談会

突破力、発信力があって毎週、議論したことが形になると思えた／日本農業の二〇五〇年のあるべき姿を考える／ゼロベースと大きな絵／私たちの家族も含めて、引き込まれたなという感じですね

第8章　あなたの欠点はここだ　265

小泉進次郎から福田達夫へ

「早口だね（笑）。これは本人も自覚されてると思うし、今までいっぱいいろんな人から言われてるはずだけど、もったいない。あと難しい（笑）。言葉とかもね」

第1章　政治家一家に生まれて

「世襲議員」という言葉から連想されるのは、親から「地盤、看板、カバン」の三バンを譲られた、恵まれた議員の姿だろう。国会議員の子どもなら、まして首相の子どもなら、親の後を継いで国会議員を目指すのは当たり前のように思われている。小泉進次郎と福田達夫のいずれも、父親の選挙区を引き継いだ世襲議員の典型である。

しかし、会社の二代目、三代目社長と違うのは、約二年八カ月に一回行われる選挙のたびに有権者数万人に自分の名前を書いてもらわなければ、その職を維持できないということだ。父の遺産だけで当選し続けられるほど、この世界は甘くない。

だから、彼らがいくら恵まれていても、努力を重ねなければその地位にとどまることはできない。また、恵まれていると思われているからこその苦労もある。

対談中、福田達夫が、「政治家になるのは嫌だな、と思う原体験は、うちの祖父にはすごくいい顔するんだけど、裏に回ると孫の私に、『おまえらなんか、どうせろくな死に方しねえぞ』とか言っていじめるような某会社の社長さんとかいてね、いろんな人間を見たことです。もう人間の恐ろしさというのを嫌というほど知っている」と吐露すると、小泉進次郎はすぐに「わかるなあ」と合いの手を入れた。二人は世襲議員にしか分からない心のひだを率直に話した。

逆に、対談で同じ国会議員の家庭でもこんなに違うのかと驚いたのは、父親との関係だ。小泉家の親子関係は濃厚で、純一郎は進次郎をたびたび飲みに誘う。小泉は、「僕ら親子の関係って一般の社会人の親子関係よりも、会う回数が相当多い。昨日もいっしょに夜、他の会食の後に落ち合って酒を飲んだ」と言う。すると、福田は、「福田家ではあり得ない。首相秘書官だった一年間で、親父とたぶんその前の四十年間よりも多くしゃべりました」と語った。福田家の親子関係はいたって淡泊だ。そんな家庭環境が彼らの政治家としての成長にどう影響していくのか。彼らの今後を見るとき、父親との関係も踏まえておきたいと感じた。

二〇〇九年八月の総選挙では、「世襲批判」の嵐が吹き荒れた。彼らの話はこうした「空気」が醸成されてしまったときの対処の仕方にも及んだ。彼らは嵐をどうしのぎ、どんな教訓を得たのか。

この章では、「世襲議員」としての二人の本音を聞きだした。

親の言うことを聞いて芸能界に入ったのが孝太郎。聞かなかったのが僕なんです。

――小泉さんは四代目、福田さんは三代目。国会議員が家業になっていると陰口をきく人もいる。そもそもお二人は政治家を志望されていたのですか。いつごろ政治家になろうという気持ちになられたのか、それぞれにお聞きしたい。

小泉　僕は大学生のときですね。うちの親父は僕と兄の孝太郎に、「おまえたちは政治のことは考えなくていいからな。好きなことをやれ」って、子どものころは、ずっと言っていました。それに、これはもしかしたら達夫さんもわかる感覚かもしれないけど、政治家の父親を持つと、政治の話をすることがなんかはばかられるような雰囲気ってありませんか。何か自分の意図とは違う取られ方をしたり、勝手に尾ひれが付いたり――ひと言で言えば面倒くさいんですよ。だから自分で抑え込んでいた部分が結果的にはあったんじゃないかなと思いますね。親の言うことを聞いて芸能界に入ったのが孝太郎。聞かなかったのが僕なんです。

大学のときに親父から「おまえは将来どうしたいんだ」と言われてはじめて、「僕は後を継ぎたい」って言った。そのときの親父は複雑な表情でしたね。あまり僕の目を見ず、目線を少し下に落として「そうか」って。「だったら勉強しなきゃダメだぞ」って、ひと言だけ言った。そのときもワンフレーズだったね（笑）。

――大学何年生のときですか。

小泉　親父が総理になって間もないころですから、二年だと思います。そのときから人生、生活が一変しました。家族だって首相になると思ってなかったんだから。ほんとうにあのとき、家族みんなも三回目の総裁選で負けたら終わりだという雰囲気でした。政治の現実、数の論理で言えば、当時、橋本龍太郎さんが圧倒的だったわけだから、まさかですよ。

――純一郎さんが立候補された時点で、われわれも「橋本元首相、優勢」と報道していた。しかし、選挙戦中盤から都道府県連における党員・党友票の集計が明らかになって、予想が全然違っているというのがわかった。慌てて軌道修正しました。

小泉　あの総裁選、僕も手伝っていたんですけど、横浜駅の西口がとんでもない人出で、ああ、立錐の余地もないというのはこのことを言うんだなと。横浜は遊びに行ったり、買い物に行ったりする場所でしたから、しょっちゅう見ていましたけど、あんな西口の景色を見たことないんですよ。その様子を見て、国民の力というか国民の声が政治を動かすんだな、というのをまざまざと感じました。その体験はやっぱり大きいと思います。

――それ以前から政治に関心はあったんですか。

小泉　子どものころ、大臣になったりして、だんだん親父がテレビに出る回数が増えてくるんですよ。そうすると最初のころ何やっているかわからないけど、なんか最近、前より見るようになったなというところから自然と関心を持ったりしましたね。だけど、関心持っているっていうこともあまり言ってはいけないんじゃないか、みたいな思いもあった気がします。

妙に覚えてるのは、人生で初めてのお通夜の光景です。うちで親父のお手伝いをしてくれていたおじいちゃんが亡くなって、お通夜に行ったんですよ。それで親父に手を引かれてお通夜の列に並んでいたときに、後ろのほうに並んでいた地元のおばちゃんたちが「あら、小泉さん」って言って寄ってきて、「それが議員バッジ？　ちょっと見せて、見せて」と、親父の周りに集まってきたという景色です。僕が幼稚園か小学校ぐらいだと思うんです。親父が政治家だということを認識した原体験の一つだった。それからやっぱり家にいると、出入りする人が多かった。

小学校のとき、国会見学に行ったら、出迎えてくれたのが親父だったっていうのもありましたね（笑）。「いや、みんないつも進次郎をありがとうね」とか言って、恥ずかしい思いをした記憶がありますけど、大学生以前はそんなものでした。

たぶん、戦後、首相を目指さないで首相になったのは福田康夫だけだろうな、と思います。

――福田さんも宿命のように議員になられましたけども、自分は後を継ぐものだと思っていたのですか。

福田　いや、まったくかけらも思っていませんでした。小泉部会長と似ているのですが、成人したときに親父に言われたのは、「政治というのは継ぐ仕事じゃない。だから、継ぐという考えは必要ない」と。

――でも、継いだじゃないですか。

福田　もともと継ぐ気はなかったんです。継ぐという概念がうちにはあまりない。うちの祖父（福田赳夫元首相）も国会議員一代目ですから。しかも中選挙区時代の群馬三区、定数四の選挙区に後から殴り込み、競り勝ってなった人ですから、継ぐ、継がないという意識はまったくなかった。僕は基本的に継ぐつもりはなくて商社に入った。商社は政治と一番遠そうなところという意味もありました。

――政治と関わりを持ったのは首相秘書官になられてからですか。

福田　いや、親父が官房長官になったときです。それまで役職もない国会議員が官房長官ですから、うちはまったく態勢ができていなかった。

――事務所の態勢ですか？

福田　事務所の態勢もできてなかった。それで少しずつ手伝うようになって、そこから関わり始めたんですけれども、それは総合商社の社員として、もしくは息子として行っているだけで、こっちの世界に来る気はなかったんです。だから、結構客観的にいろんなことを言っていました。そうこうしているうちに官房長官秘書官が倒れたので、そのヘルプで入ったというのが経緯なんです。

二〇〇四年の一月十三日付で会社を辞めているんです。大臣秘書官は兼務規定がかかるので一度退職して入った。終わったら三菱商事に帰るつもりでした。そうしたらその年の五月七日に、親父が官房長官を辞めて一議員に戻った。すると、スタッフも事務所の人間だけに戻ります。で、外交関係は仕事として結構あるのに、外国語のできる人間が事務所にいない。そこで、外国語ができる人が見つかるまで、と言っていたら、ずるずるいてしまった。すると今度は首相になっちゃって、そのまま手伝うことに、という流れです。ずるずる、なんとなく……。でもその間、時間を見てずっと三菱商事に通い続けていました。帰るつもりでしたから。まったく政治をやるつもりはなかった。

小泉　ずいぶん往生際が悪かったんだね。

福田　だって、苦手というか、自分には合っていないと思っていたので。

小泉　周りはもう絶対、秘書官時代から後を継ぐと思っていたと思いますよ。

福田　もしそうだったらもっと踏み込み方が違っていましたね。首相秘書官時代はまじめにやりましたが、官房長官秘書官は、臨時のお手伝いのつもりでしたから、秘書官席にも座らなかった。

――官邸にはいらっしゃった？

福田　午前は議員会館にいて、午後は官邸にいたんですけれども、そのときも秘書官の席には座りませんでした。秘書官席の前に椅子を置いて、そこで仕事したんです。要するに染まるつもりがなかった。ただ、そのときにイラクの人質事件などを目の前で見て、経験して、この国の行政の、組織的というより属人的能力に頼る部分の多さとか、いろんな課題が見えた。でも、その気にはならなかった。翌年は、「麻垣康三騒《あさがきこうぞう》ぎ」があって、とことん嫌になって、まったく愚にもつかないようなことでどれだけ時間使っているんだろうと思いました。

――「麻垣康三」というのは、小泉純一郎さんの自民党総裁任期が二〇〇六年九月に満了するのを前に、その後任の有力候補として名前が挙がった麻生太郎、谷垣禎一、福田康夫、安倍晋三の四人の名前から漢字一文字ずつ取って作られた造語ですね。あの騒動、そんなに迷惑だったのですか。

福田　うちの親父からすると、祭り上げられただけで、「俺は出るともなんとも言ってないから、下りると言う必要はない」と言ってずっと頑張った。あのとき、マスコミの皆さんから「出るんですか」って、毎日のように何十回も聞かれるわけですよ。何か発言すると、「それは意欲の表れですか」とか聞かれる。親父は一所懸命「出るつもりはないよ」っていうことを説明するんだけれども、聞いてもらえない。

そういう時期にアメリカに行くと、これまた「外交で福田が候補者としての力をアピールしようとしている」と言われる。そうじゃなくて、議員外交の枠組みをつくりに行ったんです。要するに「『福田康夫は議会人としてやっていく』という宣言だよ」と言っているにもかかわらず、副大統領に会ったら、「外交で総理を狙っている」と言われた。「何言ってるんだろうな、この人たちは」と思っていました。

――確かにそういう騒ぎがありました。僕も加担していました。でも、翌年、首相になりましたよね。

福田　そうです。翌年、首相になっちゃった。それで僕は首相秘書官。国会で首相指名選挙が終わったあと、官邸へ首相専用車に乗って入っていくときに、最初に僕が持ったのは「大変なことになっちゃった」という感覚です。たぶん、戦後、首相を目指さないで首相になったのは福田康夫だけだろうな、と思います。

――そうですね。でも、総裁選は行いましたよね。

福田　麻生総理とやりました。うちの親父は、決めた以上は責任感の強い人ですからやるんです。けれども、決める手前までは、受けるか、バッジを外すかの二択しかないと親父も思ったらしい。で、僕も首相秘書官になった。これはもうまったくモードが違う。そこでいろいろな出来事を見ているうちに、政治に対する問題意識を持ち始めた。

そのあとちょっと、地元も見てみようと。それまでは通いで地元に行っていましたが、その後、群馬に住むようになって、いろいろなことを試してみて、それを踏まえた上で議員になってみようと思ったのは、二〇一二年の一月です。そのとき、同世代の人たちに、「決意したので、仲間をつくってほしい」とお願いしました。

――その年十一月に衆院が解散、十二月の総選挙で自民党が圧勝して政権に返り咲いたわけです。その前の二〇〇九年八月の総選挙では政権交代を求める熱風に乗って民主党が圧勝した。群馬四区でも民主党の女性候補が立って、康夫元首相も苦戦を強いられました。

福田　苦戦しました。マスコミの「出口調査」で、午後四時の段階でほとんど負けていました。勝っていると予想したのは朝日新聞などごく一部でした。

小泉家って親子の会話もワンフレーズなんですか。

そりゃね、ワンフレーズじゃ済まないよね。

――あのときはまだ、次は後を継ごうという気分には全然なっていなかった？

福田　まったくなっていません。親父の選挙だからやっていましたけど、親父とそういう話も一切してない。

うちはとにかく会話がない。そうそう、部会長にぜひ聞きたかったんですが、小泉家って親子の会話もワンフレーズなんですか。

小泉　そりゃね、ワンフレーズじゃ済まないよね。僕ら親子の関係は、一般の社会人の親子関係よりも、むしろ会う回数が相当多いんじゃないかなって思いますよ。

福田　物理的によく会うの？

小泉　いっしょに飯食うし、昨日もいっしょに夜、他の会食の後に落ち合って酒飲んだし。

福田　ハァー、福田家ではまったくあり得ないこと。
小泉　あり得ない？
福田　あり得ない、あり得ない。小泉家はそういう場で、ちゃんとじっくり話すんだ？
小泉　「おまえ、誕生日だっただろ。空いてるときないのか」って電話がかかってきて、「ちょっと会食いっぱい詰まってるから、会食のあとだと十時超えてちょっと遅いけど」と言ったら、「いいよ、何時でも」って感じ。達夫さんはない？
福田　まったく違う。まったくない（笑）。うちは常日頃から家族間の関係が淡泊な家なんです。ただ、なんとなくみんな察する時期があって、何かがあるなあと思うと、自然に集まっている。
小泉　皆さん来られる？
福田　自然に、親父の家に集まる。僕、首相秘書官だった一年間で、親父とたぶんその前の四十年間よりも多くしゃべりました。親父とは、ふた言以上しゃべると喧嘩になるから（笑）。
小泉　意外だな。
福田　福田家って、血の気がメチャクチャ多くて、すごくケンカっ早い。家系的にそう。

それを理性で押しつぶして、持続のエネルギーに変える家なんです。それが家族同士になると素が出ちゃうんで、あっという間にケンカになりますよ、うちは。

世襲って、別に政治家になることが目的じゃない。世襲でなる以上は仕事ができなきゃしょうがない。

――そもそも福田さんが二〇一二年一月に政治家を目指そう、お父さんの後を継ごうという気持ちになられたきっかけは何だったんですか。

福田　地元で嘘をつく必要がないと、見極めがついたからです。要するに嘘ついてまでならなきゃいけないなら、政治家をやりたくないと思った。自分が考えていることをそのまま言っても、この選挙区の人は聞く耳を持ってくれると思ったからです。

要するに、もう変えなきゃいけない時代が来ているにもかかわらず、二十年間「政治に任せろ」と言ってきたのが間違い。それを、「もう無理ですよ」と言っても、聞いてくれる人がいるな、という確信が持てた。道路造ります、とか、全部政治がやります、と言わなくても、この選挙区の人たちはわかってくれる。新しい「国民と政治の関係」を、一緒につくっていける、そう見極めがついたのです。この地域から変えることができる、と思ったんですね。この国は、国政という大きな枠組みももちろんですが、足元の部分がいっぱい壊れている。自分の足元で嘘ついてまでやらなくていい。それが二、三年かけて確認ができた。

――それを確認するために地元へ。

福田　そうです。二〇〇八年九月に親父が首相を終えて、それから僕が群馬に居を移したのは、その確認をしに行ったんです。

――そういう意味では、政治家をやろうと思った時期はもうちょっと早いわけですね。

福田　官邸で一年間過ごしたときから問題意識は持っていたので、商社マンとして培ってきた仕事の仕方や経験はこういうふうに使えるな、と思えるようになった。でも結局この世界は、選挙に勝たなかったら政治家になれない。自分が思っていることを永田町でやってみたい、でも、地元で嘘をつくならやりたくない。その両方成り立つのならやろう、と思った。そうじゃなかったらサラリーマンに戻ろうと思っていた。

――割と人生の渡り方が慎重ですね。

福田　それは福田家ですから（笑）。言い方が不遜かもしれませんが、政治家にならなきゃいけない、という切迫感は、まったくなかった。世襲って、別に政治家になることが目的じゃない。世襲でなる以上は仕事ができなきゃしょうがない。そうでなければ、徒手空拳でゼロからやっている人に失礼ですから。そうでなくともそういう方々の可能性を潰す可能性が高い。だから僕は世襲で政治家になるのが嫌だったんです。そういう方を知らないうちに潰している可能性がとても嫌なんです。それでもわれわれがなる理由は、なったら仕事ができるということなんです。

あとひとつ、政治家じゃなきゃできない仕事ということが自分の中で確信できない限り、この仕事に就くべきじゃないと思っているんです。他のこと全部試したけど、やっぱりこれしかないという、最終的な結論じゃないと、この仕事にだけは就いちゃいけないと思っているんです。もちろん選挙では「これから勉強します」って言う人がいますけど、でも本気で言っていたら、たぶんその人は馬鹿だと思います。それは失礼ですよ、ほんとに。一億二千万人の中で、衆参合わせて七百十七人しかいない立場になるのですから。

（注・対談後十月に行われた総選挙で定数が削減。衆参合わせて七百七人に）

叩かれているときは、評価されるスタートだとも言えるし、持ち上げられているときは、どん底に叩き落とされるスタートだとも言える。

――小泉さんは世襲を厳しく批判され、最初の選挙でペットボトルを投げつけられたりして、ものすごい苦労をされた。

小泉　まさかあんなに厳しい環境だと思わなかった。親父が引退の表明をしたのは、選挙の約一年前。すぐに選挙があるかと思ったら、それがずるずる延びたでしょ。でも、結果として僕を救ってくれているのは、その間、地元を徹底的に回れたことです。政治家になる前に、それだけ地元を回る時間をくれたんですよ、結果としては。あの時間は僕にとってはすごく大切な時間になっていて、だからこそあの最初の選挙でなんとか勝てたんだろうと思う。世襲の批判はすごかったけども、すべての町内会で街頭演説やるぞとか、実際に会った人がやっぱり多かったから、最後に支えてくれたんだろうと思います。

最初の選挙ですごく学んだのは、マスコミの怖さですね。一度空気をつくられたら、それを覆すことはほぼ不可能だと言ってもいい。まるで亀が甲羅の中に入って嵐が過ぎ去るのを待っているように、なんとか吹き飛ばされないようにじっと耐えていた。耐え抜くしかないという、このマスコミの怖さ。世襲の批判をするんだというシナリオができたら、どんな発言をしても、何を言っても、そのシナリオに合わせたことしか報じてもらえないということを学んだ。そういうときに何をしなければいけないのかといえば、どう切り取られたってそれでしか報道しようがないような話し方をしなければいけないんです。

もう一つは、マスコミも世間も勝手だなと思った。当選したあとは、驚くような掌返しですよ。ある雑誌が選挙から数年後に特集を組んで、その特集のタイトルが「世襲こそ革新を生む」。僕はその記事を見たときに、こんなもんなんだと。だから、ものすごく冷めている。叩かれているときは、評価されるスタートだとも言えるし、持ち上げられているときは、どん底に叩き落とされるスタートだとも言える。だから一喜一憂しなくなった。あの選挙の経験は決定的ですね、僕にとっては。

あれだけ世襲で批判されて、そして自民党だということだけで批判されて、しかも相手の候補は地盤看板カバンなしという、反世襲の設定で挑んできた。僕は、生まれてきちゃいけなかったのかなとか、そういったことを考えるぐらい、落ち込みました。街に出るのが怖かったですよ。ほんとに名刺も受け取ってもらえない。破られる。足を踏まれる。どつかれる。ペットボトルを投げつけられる。唾を吐かれる。なんかごめんなさいじゃないけど、僕はそんなにダメなんですかっていう気持ちになった。だけど、それでも耐えられたのは、政治家は逃げられないんですよ。どれだけ怖いと思ったって、街中に出たら、まためあいうことが待っているのかなあと思ったって、街に出るしかないんです。

――世襲批判に立ち向かって政治家になろうとするときに、先ほど福田さんも言われたような、ひそかな決意というのはありましたか?

小泉　今でも若い人たちに言うメッセージなんですが、自己決定がいかに大事か、ということです。その道を行くと自分で決めたから、継げと言われたからじゃなくて、俺が行きたいと思って行ったから、耐えられたと思うんです。嫌ならやめりゃいいんだから、自分で決めた道は。そこの部分がすごく大きくて、また、何かあったら、やっぱり世襲はダメなんだって言われるのは目に見えていますから、その緊張感というものもありました。頑張っているときは何も言われない。だけどなんかあったら、やっぱり世襲はダメなんだ、とね。それを言われないように、どこまで自分を引っ張り上げていけるかという意識はありますね。

「友だち百人できるかな」って歌がありますね。僕、あんなの嘘っぱちだと思う。

——福田さんは掌返しを二〇〇九年の選挙のとき、お父さんの応援で感じられましたか。

福田　二〇〇九年は、厳しかったですね。ただ、うちの場合は中選挙区時代もうんと厳しかった。中曽根（康弘）先生、小渕（恵三）先生との戦いという、血で血を洗う戦争を四十年間やっていたので、僕も現場で結構そういうのを見ている。実は僕が政治家になるのは嫌だな、と思う原体験は、うちの祖父のところに来る人たちのなかに、うちの祖父にはすごくいい顔するんだけど、裏に回ると孫の私に、「おまえらなんか、どうせろくな死に方しねえぞ」とか言っていじめるような某会社の社長さんとかいてね、いろんな人間を見たことです。

小泉　わかるなあ。

福田　もう人間の恐ろしさというのを嫌というほど知っているので、人ってそういうものだよなっていうのは、基本にあるんですよ。人間は怖いと。一方で福田家というのは、とても人間好きな家系、家族なんです。人間が好きなんですよね。二〇〇九年はとても状況としては厳しかったんだけれども、でも人ってそういうもんだよね、守ってくれるのも人なんだよね、っていうのが基本中の基本なんです。

だからさっき部会長が「亀のように」と言っていたけど、まさにそういう感覚です。それでもなおその流れを止めるのは何かというと、僕はもう川に挿《さ》す杭だと思っている。その川の流れを変えてくれる、もしくは弱めてくれるのが、深く打ち込まれた杭。で、そういう杭をどれだけ周りにつくれるかというのが勝負だと思っている。

その杭とは何かというと、「そうはいっても絶対福田だよ。福田で大丈夫だよね」って思ってくれる人なんです。流れに対して耐えてくれるのが人。正直言うと、中選挙区のときの恐ろしい話はいっぱい聞いている。僕はあの恐ろしさというのをよくわかった上で、しかし「そういうもんだよね」と思っている。

小泉　たぶんなんか少し達観しちゃうっていうか……。

福田　そうそう。

小泉　すごくよくわかるのは、僕も政治家の子どもだというので忘れられない思い出がある。僕は小学校からエスカレーター式の私立の学校に通っていたんですけど、中学生になると外から新しい生徒が入って来る。そこで同級生になったある男の子から、ある日、「ねえねえ、君、小泉君だよね。うちのお母さんがさ、政治家の息子だから仲良くしとけって言ってるから、友だちになろうよ」って言われた。なんかここまで露骨に言われると、笑っちゃうんですよ。で、僕がそこですごく、学んだなと思ったのは、ああ、そうやって見られているんだ、ということ。衝撃の瞬間だったんですよ。

だからこういうのをいろんなところで経験して、なおかつ親父が首相になった時点で、もう完全に小泉進次郎という個人は消えるんです。首相小泉純一郎の息子になるんです。世の中は小泉進次郎とは見てくれないんです。今度はうちの兄貴が芸能人になって、小泉孝太郎の弟になるんです。だから小泉純一郎の息子であり、小泉孝太郎の弟である小泉進次郎になって、それでも小泉進次郎は小泉進次郎だとして付き合ってくれる幼馴染みがどれだけ大切な存在かっていうのはすごく身に染みている。

「友だち百人できるかな」って歌がありますね。僕、あんなの嘘っぱちだと思う。百人も要らない。もし百人いたら、濃い付き合いなんてできない。せいぜい片手だなって思う。でも逆にこれが人間に対する包容力にもなっている。一回ある局面で裏切られたりしても、また別の局面では手を握ることがあるのも政治の世界だから、腹の底ではいろいろ思うこともあるけど、少しその達観したところがないとやっていけないというのは、今までの人生の中で体験した。

――川の流れをちょっと止める杭は何人くらいのものなんですかね。

小泉　世の中に友だちの定義ってあると思うんですよ。僕は友だちって軽々に言う言葉じゃないって思っているんですよ。だから友だち百人できるかなっていうとき、その百人の友だちって、どんな友だち？　と思う。僕には心の底から曇りない気持ちで友だちって言えるのは、そんなに多くない。知っている人はいっぱいいる。仲のいい人もいっぱいいる。だけど友だちって僕はそんなに軽いもんじゃないと思う。

――空気ができると、もう耐えるほかないという話をさっき小泉さんがされた。福田さんは空気ができたときの対処の仕方というのはありますか。

福田　もう抗ってもしょうがない。だけどそれが自分自身に直接、ぶつかってくるかどうかは、周りに「違うよ」っていうふうに声を挙げてくれる人が何人いるかですよね。普通、政治家を直接知らない方は、新聞やテレビの聞きかじりで認識が決まるわけです。しかも報道は一度流れができると、別の角度からの報道がしにくくなるから、同じようなニュースに何度も触れることになる。そしてだんだん確信が深まってくるんだけど、「えっ、私の知っている康夫さんは違うわよ」って知人がひとこと言うだけで、空気が全然違ってくるんですよ。「でもテレビじゃそういうふうに言っているけど」「いや、でもあれってこういうことなのよ」っていうふうに、やっぱり個人的に知っている人が一人でも「違う」と言ってくれるだけで、ちょっとずつ流れが変わる。でもほんとに大きなやつは無理ですよ。

小泉　特にあの二〇〇九年の選挙は、マスコミもそして一般の多くの人たちも、民主党がどうこうではなくて、一度政権交代を見てみたいと、とにかくそこの力でした。

福田　郵政選挙のときもそうでした。現場のわれわれは何が起きたのかよくわからなかった。何が争点で戦えばいいのかもよくわからないけれど、でも応援されていた。ムチャクチャ応援されていた。「ごめん。なんで応援されてるの？」っていう感覚があったなあ。それを経験したので、次の参議院選挙でその風がまったく止まっているのを見て、あ、「空気」って恐ろしいと思った。そういう意味でも抗いようがない。ただ、日本人はワァーッとなったあとに、スッと冷静になる瞬間が来る。二〇一二年の選挙でもそうだったけど、二〇一四年ってすごく冷めていませんでした？

小泉　そうだね。熱狂はなかったね。

福田　二〇一二年は民主党に対してもうやめてくれっていうのがあったけど、二〇一四年は遠くから冷静にじっと見極められている感じがした選挙でした。

――そういう雰囲気、空気をつくるのはメディア、私もその一人です。僕の感じだと、僕ら自身はそれに乗っているだけなんですよね。つくり出しているという意識はなくて、なんかそっちの流れの話になっていると、やっぱりそっちの流れに乗って話さざるを得なくなって、それが大きな輪になって、そこはテレビ、週刊誌、新聞がわっと動いていく。そこで僕らも止められなくなる感じがあります。

所詮世襲ですからね。親が来ようと来まいと。だって親父が二十三年間お世話になっていた方に支えていただくんですから。

――小泉さんは最初の選挙のとき、公明党への推薦願を出さず、比例代表との重複立候補も拒否して、お父さんの支援も受けなかった。この「三つの拒否」があったんですけども、あれはどういう判断だったんですか。

小泉　独り立ちですよね、文字通りの。ぐうの音も出ないほどの崖っぷち、負けたら終わり、しかもやせ我慢、その状態で独り立ちした戦いというのに挑まなければ、誰も認めてくれない。それを覚悟として伝えるには何ができるんだろうかって考えた。親父や兄貴の応援を受けない、入らないでくれって言ったのは、これはもう当たり前のこと。また、小選挙区で小泉進次郎の名前を書いてもらえなかったら、それは政治家になるなというこどだと。だから敗者復活はあり得ない。単独立候補で行く。比例には立候補しない。シンプルな戦いをしなきゃいけない。その思いはありましたね。

――公明党、比例重複、お父さんの支援という点では、福田さんはどうされたんですか。

福田　ずっと群馬県に公明党の国会議員っていらっしゃらないんですよ。うちの祖父と池田大作先生との関係もあって、もともと良好な関係ということもありますし、公明党からは推薦をいただきました。比例重複のことはあまり考えてなかったんです。自民党の比例代表の名簿に入れる、入れないっていう話はまったく考えてなかった。で、そのまま比例名簿に載った。親父、おふくろについてはもう完全に協力はしないでもらった。

――それは小泉さんのように自分から断られたのか、両親がしないと言ったのか、どっちなんですか。

福田　それはもうお互い阿吽の呼吸で、親父からもいちおう確認のために電話かかってきて、「行かないけどいいんだろ?」「うん。結構です」っていう、そんな感じでした。所詮世襲ですからね。親が来ようと来まいと。だって親父が二十三年間お世話になっていた方に支えていただくんですから。小泉部会長とちょっと違うところですが、僕のほうがずっと年上なんで、それは冷めているところがあって、そんなもんどっちにしたって世話になっているようなもんなんだから、それはしっかり受け止めた上でやらなきゃいけない。

小泉　二〇〇九年総選挙での世襲批判の強さは、たぶん次元が違ったという事情もあると思います。あのときの世襲批判はあまりに強く、しかもシンボル化したのが僕だった。自民党内で、小泉進次郎を公認すると自民党全体のイメージが悪くなるという議論さえあったんですから。公認もしないほうがいいんじゃないかっていう議論が巻き起こった。

福田　たしかにあった。

小泉　それを受けて、僕の地元の後援会のメンバーなどの間では、どんな議論になったかというと、「だったら要らねえって言ってやれ。むしろ自民党の看板ないほうが戦いやすいよ。こんなに評判悪いんだったら、無所属でいいよ。出すか出さないかみたいな議論やってるんだったら、要らねえって言ってやれ」と。だけど最後に僕は、公認出さないって言われたら、無所属で戦う、だけど出すと言われたら、自民党の看板で戦うよと言った。

　今、政党政治の中で自分の考え方はどこと近いかを含めて、どこに立っているのかということがなければ、そのあとの政治ができないよと。最終的に自民党公認が出たんだけど、やっぱり苦しくてもそれでよかったなと思います。だけどその声が出るぐらいの世襲批判の強さでした。

　あともう一つ、結果として今感謝しているのは、初めての選挙であれだけ世襲の批判と自民党批判が強かった環境だから、うちの親父とは違う選挙をやることが許されたこと。今までやってくれていた人たちが前面に出るのはよくない、前面に立つのは若手で行け、もうおまえの時代だというかたちで自分の同世代、当時二十代、三十代、そういった仲間たちがいっしょになって街中を走り回ってくれた。そして応援弁士もなし。前座とか地方議員も話さない。裸一貫でやる。街頭演説やビラ配りのときも、脇に誰かベテランの地方議員さんがいるということもない。このやり方ができたのは、もう今までのやり方を知っている人たちも、こんな逆風味わったことないから、今までのやり方はダメだということを直感的に理解してくれたからです。

――世襲の議員の難しさとして、お父さんの代の後援者の人が厳然として残っていることがありますね。その人たちから、若い者は黙ってろみたいな雰囲気はなかったですか。

小泉　それを超越できたぐらいの逆風だったんです。今までのようにやっていたんじゃダメなんだ、俺たちが前へ出ちゃうと逆に進次郎に迷惑かけるんだっていう空気があったんですよ。だから若い奴が前へ行け、俺たちは裏に回るからという空気が自然とできた。それぐらいの異次元の選挙だったんです。

――福田さんは後援会の世代交代という点では難しくなかったですか。

福田　いろいろあります。八十代の〝青年部〟がお元気ですから。

小泉　わかる。

福田　ただ、今の部会長の話じゃないですけども、二〇〇九年の選挙でそれまでの戦法じゃ届かないということはずいぶん皆さんにご認識いただいた。そこでうちも青年部が立ち上がって動き始めた。今でも、これまでの後援会が組織の主体になっているんですけれど、あそこで地殻変動が起きているんです。それまでに比べると、より自由に何でも言えるようになっているのは、真ん中に座っている人たちがだいぶ若返ってるから。同じ目線でしゃべっても許されるところがあるんですよ。だからこれまで言ったことと違うことを言っても、いきなり否定されるわけじゃない。選挙構造から変わった気がします。

ただ、そうは言っても難しいですよ。うちの場合は僕の最初の選挙のときには、あまりに若手が走ったんで、周りの今まで支えてくれた方々が置いていかれて、その方々から、「選挙が目の前を通り過ぎていった」と言われた。二回目の選挙のときは、このギアを噛み合わせることに一番注力しました。今はすごくぴったり合ってます。

――でも、お年寄りが長生きされるんですよね。

福田　いやぁ、お元気ですよ。うちの後援会長さんは八十何歳の方がいっぱいおられますけど、福田後援会の会長は長寿の秘訣だと言われてるので、一所懸命やっていただいています。

小泉　今でも僕の演説会にうちのおじいちゃん（小泉純也。池田内閣や佐藤内閣の防衛庁長官）の青年部だった人が来ますよ。今八十代後半ぐらいになっています。

――選挙が終わったあと、お父さんが実は裏で応援してくれていたことに気づいた、という経験はあるんじゃないですか。

福田　親父？　親父がやるわけないじゃないですか、うちの親父ですよ。

小泉　僕はある人から聞いたことあるね。「純一郎さんは今まで電話なんか寄越したことないのに、今回は来たよ」って。

――親子関係の熱っぽさが違いますね、全然。

福田　だって親父は、「おまえがやるんだろ。俺はやることあるから、知らないよ」って言う。ほんと最近ですよ、僕のことをしゃべるときに、「まあ、こいつもちょっとは仕事しているようですけど」と言うようになったの。

——小泉家のほうが、情が厚いんじゃないですか、親子の情が。

小泉　たぶんアメリカ人的なんじゃないですか。日本って自分の息子のことを「愚息が」って言うじゃないですか。これって英語にしたら my stupid son ですよ。外国ではあり得ないですよ。米国では、beautiful daughter とか my lovely boy とか、子どもを褒めるじゃないですか。うちの親父は子どものことを否定するニュアンスで言うってことはないですね。親馬鹿ですよ。

福田　小泉家はたぶん基本的に「情感の家」だから。うちは、たぶん親父も自分のことを歯車だと思っている。

小泉　どっかで客観視してるんだ。

福田　そう。だからうちの親父からすると、家族は手足なんです。動いて当たり前……。なんで俺が働いているのに、おまえらは動かないんだっていうぐらいの感覚。だからわれわれがすごく羨ましいのは、家族の輪の外にちょうどいる人たち。この方たちに対する愛情は、うちの親父メチャクチャ濃いんです。すごく愛情を持ってはくれているんですけれど、われわれ家族は厳しい目にあっている（笑）。いちばん近いところは。

――そういうもんですか。

福田　もう大変ですよ。そういう家です。羨ましいです、小泉家が。

僕は、政治を楽しいと言ってはいけないと思っている。それはどれだけ自分が正しいと思ってやっていることでも、政治って必ず陰で泣く人がいるからです。

――お二人はバッジを着けられる前はお付き合いがあったんですか。

小泉　ないですよ。

福田　まったくないです。

小泉　僕は、名前は聞いていた。達夫さんっていう人が次だよということは、いろんな人から聞いていた。

福田　そのときにまだ僕は、そう思ってなかったんですけどね（笑）。

小泉　本人はね。

福田　僕ももちろん、いらっしゃることは存じ上げてましたけど、本当の意味で知ったのは、知人と一緒に飲みに行ったときじゃないですかね。

小泉　そうだね。

福田　真の意味で知り合ったのは、農林部会長代理に指名していただいてからの二年弱と言っていいと思いますね。話したことはありますけど。

小泉　ちゃんと座って何かを話したとか、そういったことはほんとに農林部会の縁ができてからで、それを考えると改めて、なんか小泉家・福田家っておもしろいね。なんでだろうね。

福田　僕を部会長代理に指名したのは、部会長のほうですよ。

小泉　あんまり理屈ではないんですよ。俺には支えてくれる人が必要だ。そしてその人は俺よりも人徳がなきゃダメだと。

福田　人徳！　うーん、商社マンに人徳なんてあるかな（笑）。

――福田さんは三菱商事でも評価が高かったと聞きました。秘書、続いて議員にならなければ役員まで出世されたんじゃないですか。

福田　どうでしょうねぇ。ただね、僕が会社を辞めるとき、人事制度が変わった。給料を業績連動にしたんですよ。それで、みんなドーンと給料が上がったんですが、それがあれば、ローンが減ったのになあ、と思った。

――どっちが楽しいですか、議員と商社マン。

福田　楽しさが違いますね。出来上がったものの大きさとコストの割合で言うと、正直言うとどっちかわからないです。でも明らかに、できたものの大きさの喜びはこっちのほうがでかいです。

――政治のほうが？

福田　というのは、サラリーマン時代は毎年毎年できるものってだいたいわかるし、なんとなく四十歳近くなると、何ができるかわかってくるじゃないですか。でも、立法府の人間って何ができるか、良くも悪くも予想がつかない。

同世代の連中が今部長クラスになっているのに、僕は何ができるかわからない立場です。でも、できる仕事はこちらのほうがでかい。その代わり疲弊もすごいですけどね。特にこういう悍馬《かんば》みたいな人の後ろについていると、大変なんです、ついていくのが。

小泉　いっぱいカバーしてもらっています、ほんとに（笑）。

で、楽しいかどうかについて言うと、楽しくなきゃ続かないんだけど、僕は、政治を楽しいと言ってはいけないと思っている。それはどれだけ自分が正しいと思ってやっていることでも、政治って必ず陰で泣く人がいるからです。

それを考えると、楽しいって言うことは、その部分を見ていないから言えることじゃないかと。自分が成し遂げたいものを成し遂げたら、それが楽しいのかと言ったら、政治ってそうじゃない。人の暮らしとその国の行方を左右するものだから、僕は楽しいと言ってはいけないと思う。だけど、やり甲斐をこれ以上ないぐらい感じる世界でもある。いつも、特に若い人たちからそういったことを言われたときには、そう言いますね。

——やり甲斐は感じる?

小泉　だけど楽しいとは表現はできない。そしてそれは言ってはいけないと思うと。だけど今自分の演説会とかは、「0歳からの活動報告会」という名前にして、ゼロ歳児から家族みんなで来てくださいっていうことにして、楽しいっていう感想を持ってもらうように、楽しかったって言って帰ってもらえるような場づくりの工夫や努力はするんです。それは来た人に楽しい、楽しかったって言ってもらいたいということであって、政治家が楽しい仕事かっていうのとはまた別なんですという、そんな思いですね。

第2章　子どもから見た、首相の孤高

「絶対孤独。どす黒いまでの孤独に耐えきれるだけの体力、精神力がいる」

麻生太郎は首相当時の二〇〇九年三月二十八日、高知市で高知大など地元三大学が主催した学生との意見交換会で、首相に必要な「資質」をこう説明した。麻生はこの発言から約三カ月後の六月二十五日、日本記者クラブでの記者会見でも、「どす黒いまでの孤独は最初から最後までずっと続くものだ。どなたが（首相に）なっても同じ状況ではないか。支持率が上がったから孤独でなくなるということはない」と語った。

首相はつねに大勢の人に囲まれている。眠るとき以外、一人になる時間はほとんどない。しかし、周りにどんなに多くの人がいても、物事を決めるのは首相一人だ。周りの人たちは首相が発する言葉に耳を澄ませている。

発せられた言葉は「首相決断」となり、国民の人生を大きく変えたり、世界中に発信されて他国の国民の生活にも影響を与えたりする。福田達夫は父・康夫の首相時代を振り返り、「政治家としては素晴らしいなと思ったのは、この人、孤高は平気なんだっていうこと。孤高に平気でいられる。一億二千七百万人を背負って、おまえ決断しろって言われても、冷静に決断ができる。しかも、一億二千七百万人に対する愛情を込めて決断ができる。それを最終的には、誰に相談するわけでもなく、自分で決めることができる人なんです」

と語った。小泉進次郎もすぐに「同じ」と同調した。

政治はとことん、人間の営みである。機械が政治を動かしているわけでは決してない。生身の一人の人間がどんな心境で国の行方を決めているのか。対談を進めながら、首相を見るとき、子どもに語らせるのも分析方法の一つだと気付いた。

一点の曇りもないほど愛しているってことを、
愛という言葉は絶対使わないけど、離れていても、家にいなくても、
そこが揺らぐことはなかったですね。
うちの親父も愛情量は多いんだけど、出し方がヘタクソなんです。
愛情表現がメチャクチャ下手で、
たぶん恥ずかしいのだと思いますが、それがなかなか伝わらない。

――お父さんとの関係を詳しくうかがいたい。まず、お父さんのここがすごいなと、あるいはここがダメだなというのをそれぞれ言っていただけると、関係がわかりやすくなると思います。

小泉　すごいのは、父親・小泉純一郎として惜しみない愛情を注ぐところ。子どもの立場からすると、一点の曇りもないほど愛しているってことを、愛という言葉は絶対使わないけど、離れていても、家にいなくても、そこが揺らぐことはなかったですね。そのお陰で自信がついたし、自己肯定感につながった。

一番象徴的なのは、中学二年生のとき、学校の三者面談に親父が来てくれたんですよ。学校の先生は、「もっと進次郎君にリーダーシップを取ってもらいたいから、お父さんから進次郎君に言ってくれませんか」と言った。そうしたらうちの親父は、「私は、進次郎はそのままでいいと思います。私も政治家の息子だから、進次郎の思いもよくわかる。おそらくいいことをしても悪いことをしても、政治家の息子というだけで目立っちゃうから、あまり前に出ようとは思わないんでしょう。進次郎はそのままでいいと思います」っていうことを言ってくれた。そのときに、衝撃を受けたんですよ。

親父はなんて言うかなと思ってたら、自分が思ってることをそっくりそのまま言ってくれた。家に毎日いないのに、なんで自分が思ってることをこんなにわかってくれるんだろうっていう、あの瞬間、今でも忘れませんね。だから政治家・小泉純一郎は真似できないし、真似すべきでないと思うけど、父親・小泉純一郎はいつか自分が父になったとしたら、真似したいと思います。

――首相時代、箱根でキャッチボールをされた。

小泉　ええ。幼いころのことでよく覚えているのは、親父が車で横須賀に帰ってきて、車から降りて僕と孝太郎とキャッチボールだけして、またそのまま車に乗り込んで戻って行った姿です。だからほんとに今自分が政治家になって、これだけ忙しい日々を過ごすようになってから、子どものためにキャッチボールのためだけにそうやって時間をつくってくれたということが、いかにありがたいことだったか、改めて感謝しますね。

福田　うちはもう淡々ですね。プロの親子なんで。

小泉　プロ親子？

福田　プロの親子なんです、うちは。うちの親父も愛情量は多いんだけど、出し方がヘタクソなんです。愛情表現がメチャクチャ下手で、たぶん恥ずかしいのだと思いますが、それがなかなか伝わらない。そこが大きな欠点ですね。親父は子ども好きだったんだろうなあという推測はできるんだけど（笑）、いまいち実感はないみたいな、そんな感じですかね。

たぶん親父もそうだったんじゃないですかね、自分の父親との関係が。親父は兄弟が七人いるんだけど、うちの祖父は親父にだけ厳しかったらしい。親父は惣領（跡取り）だった。他の兄弟はほぼ全員楽観的なんですよ。基本的に人生エンジョイ型なんだけど、親父だけが克己型。僕は小さいころ、親父が家にいると怒られるから、いてほしくなかった。基本的には。

――そんなに怒られたんですか。

福田　ムチャクチャ厳しかったですよ。うちは外に対しては優しいですが、家族に対しては厳しいですから。僕は親父にもおふくろにも、ときに殴られることもある、かなり厳しい育てられ方をしたので、どこかに本当のお父さんとお母さんがいるにちがいないと信じていた。下村湖人の『次郎物語』が座右の書で、いつか優しい本当の両親が迎えに来るんじゃないかと信じていたくらいなので、僕はホームシックになったことがないんです。家の外に出るのが大好きだった。合宿でみんなホームシックになって家に帰りたいと言っていたのに、僕だけ合宿が終わるとうんざりして、またうちに帰るんだと思った。

小泉　おもしろいね。

福田　小泉家の話を聞いていると、剝き出しの情感が家族間にもあるんだなって思う。すごくおもしろい。

小泉　いや、僕も達夫さんの話を聞いていておもしろいです。

福田　うちはちょっと異例かな。うちは全部、母親が支えている家だったんです。だから親父との関係が成り立ったのは、うちの母親のおかげ。僕が中学生の頃に、母、弟、妹と四人で飯食ってるとき、「ここは福田康夫家だから、お父様が間違っても私はついていく」って、おふくろが宣言したんですよ。どういう流れか忘れたけど、それで「この家は福田康夫家なんだ、福田康夫が一番なんだ」ということがすり込まれた。

一億二千七百万人を背負って、おまえ決断しろって言われても、冷静に決断ができる。
しかも、一億二千七百万人に対する愛情を込めて決断ができる。

——ここは似たくないなと思っていても、似てしまったところってあります?

福田　それは部会長もあと十年すると感じるだろうけど、血は争えません。似てきますね。首相秘書官として一年間見ていたときに、ほんと似てるわ、と思いました。だから考えていることの予測はだいたいつく。ただ、経験と知識量が違うから、結果はだいぶ違うんだけど、だいたい今こう考えているだろうな、っていうのがわかる。親子はやっぱり似るんだという諦めが、その一年間でつきました（笑）。だからせいぜい、ここはちょっと改善しよう、と思ったことを変えるぐらいかなって。

——似たくないけど似てしまったところってどういうところですか。

福田　それを認めると自分のことが嫌になっちゃうから……。一つだけ、僕は一年間親父に仕えて、政治家としては素晴らしいなと思ったのは、この人、孤高は平気なんだっていうこと。孤立じゃなくて、孤高。たぶんこれ小泉首相もいっしょなんですよね。

小泉　同じだね。

福田　孤高に平気でいられる。要するに一億二千七百万人を背負って、おまえ決断しろって言われても、冷静に決断ができる。しかも、一億二千七百万人に対する愛情を込めて決断ができる。それを最終的には、誰に相談するわけでもなく、自分で決めることができる人なんです。

首相秘書官時代の一年間で一回だけ、たぶん親父にこれは聞かれたんだなと思ったのは、二〇〇八年九月一日の午後五時、「辞める」って言ったとき。目線が「いいのか？」って聞いてる。それ以外は、一人で判断できる。だから変な話、首相というのはよほどのことじゃなきゃできないなっていうふうに思わされましたね、あのときに。

小泉　ちなみにそうやって「辞める」って言われたときに、達夫さん何と言ったの？

福田　一瞬実は迷いました。迷ったんだけど、あ、そうだよな、政治家がいっぺん口にしたものは引っ込められないな、と思ったので、「お疲れ様でした」と。ただ、癪だったたんで、「でも、福田康夫がすべき政治はまだあると思いますけれど」とだけ言いましたけど、あとはもう決めるのは本人ですから。

――あのときは突然だった。

福田　われわれもまったく予測していませんでした。緊急記者会見が午後九時半。毎年九月一日は防災の日で、大阪に災害訓練の視察に行って帰ってきて、そのまま公邸入りで予定がない。われわれは誰一人気づいてなかった。午後五時に呼ばれて、「どうしたんですか」と聞いたら、「辞めるから」。

親父からこれまで「もう辞めるから」と三回言われた。官房長官を辞めるとき、首相を辞めるとき、議員を辞めるとき。どれも、何の相談もなかった。三回目はさすがに気づきましたけどね、なんとなく。二回までは全然わからなかったです。

小泉　なんか似てるね、うちの親父と。孤高がむしろ必要、政治家と孤独は運命共同体だっていうことね。これは親父から、学生のときから言われていた。「一人じゃなきゃダメなんだよ。一人でいる時間を大切にしろ」とね。

今もよく言っていますよ。政治家には孤独が必要なんだと。そこはすごく共通するところだな。あと出処進退。これは人に相談するものではないと。だからうちの親父が引退を決めたとき、いろんな人たちが、「もう一期やったほうが進次郎のためだ」とか、「まだまだ若い」と言ったんです。当時六十六歳ですからね、そう言った人はいっぱいいたんだけど、うちの親父が僕に言ったのはこうだった。
「俺辞めるけど、どう思う？　って言ったら、みんな嘘でも『まだできます』って言うんだよ。『あ、そうですか。辞めたほうがいいですよ。ようやく決めましたか』なんて誰も言わない。だから自分で決めなきゃいけない。他人に聞いちゃいけないんだ」

マスコミは自分の都合がいいように発言を切るから。ワンフレーズだったらどこも切りようがない。

――小泉さんはお父さんに似たくないけど、似てしまったところはありますか。
小泉　意識して似たくないって思うところは特にない。ただ、なるほどと思うのは、うちの親父、ワンフレーズってよく言われたじゃないですか。これは必要だったからワンフレーズになったんだということが、自分がこの立場になってよくわかりました。というのは、マスコミは自分の都合がいいように発言を切るから。ワンフレーズだったらどこも切りようがない。

あ、ひとつあった。これはいつか自分の子どもができたら、似たくないなと思っているところ。それは、外食に行ったときの注文の仕方で、真似しないようにしようと思います。今でも忘れないのは、うちの家族、親戚がみんなであるイタリアンレストランに行ったとき、うちの親父はメニューを見て、「よし、パスタ全種類」。ポカーンでしょ（笑）。「パスタ全種類。ちょっとずつ食べようじゃないか。全種類持ってきて」って。子どもって一人で一つ食べたいんですよ。ハンバーグだったらハンバーグ一つ食べたい。別にちょこちょこいろんなの要らないんです。

俺はたらこスパゲティだけ食べたいと思っていても、それがかなわなかった。もう少しおとなになってから、僕の従弟とうちの親父含めてご飯食べに行ったとき、僕は注文する前に、従弟に対して、「いいからな。自分たちが食べたいの頼んでいいからな」ということを言ったんですよ。思いやりを持って言ったところ、なんと梯子を外したのはうちの兄貴だった。「いいじゃないか、面倒くさいから」って言って、結局、うちの親父がまた決めて、そこでなんかすごい孤独を感じた。だから、子どもができたら、俺は絶対に食べたいものは何かって聞いてあげよう、そこは真似しないようにしようと思った。

――福田康夫首相で一番印象に残っているのは二〇〇八年九月一日、退陣を表明した記者会見で、記者の質問に「他人事のようにというふうにあなたはおっしゃったけれども、私は自分自身を客観的に見ることはできるんです。あなたと違うんです」と言われたことです。あれはもう切れた状況だったんですか？

福田　切れたというか、親父の感情が剝き出しになった。そういうことが首相在任中、三回ありました。一回は退陣会見の最後。もう一回がＣ型肝炎のとき。二〇〇七年十二月二十三日午前に官邸で、報道各社とのぶら下がりインタビューをやって、「議員立法を作るようにと指示しました」と言った。そのあと首相執務室に帰ってきたときに、厚労省の局長が以前と同じようなことを言ってきたんで、「君、これは、人の命の話なんだよ！」と言って怒鳴ったんです。僕、親父が怒鳴ったのはこれ一回しか見ていないんだ。

（注・福田首相は二十三日午前、薬害Ｃ型肝炎集団訴訟で原告の求める一律救済に応じるため、血液製剤の投与時期にかかわらず補償金を支払うための救済法案を議員立法で今国会に提出し、成立を目指す方針を表明した。首相官邸で記者団に語った。＝二〇〇七年十二月二十四日付読売新聞朝刊から抜粋）

――もう一回は？

福田　大連立騒ぎのとき。二〇〇七年十一月二日。あのときは小沢一郎さんも親父もはしゃいでいる子どものような感じで高揚していた。

――一時的にね。

福田　一時的に。あの三回ですね、親父の感情を見たのは。

（注・福田首相は二日午後、民主党の小沢代表と国会内で会談し、連立政権への参加を申し入れた。小沢氏は「党内で協議する」として持ち帰ったが、民主党は同日夜の役員会で連立参加を拒否することを決めた。＝二〇〇七年十一月三日付読売新聞朝刊から抜粋）

――小沢さんが民主党に説明してダメで、結局断られますね。

福田　あのときは一言だけ、「しょうがねえな」って言った。「だからこっちから言おうって言ったのに」だけです。その前からちょっとおかしかったので、やっぱりそうかっていう感じでした。あのときは怒っていなかった。呆れていただけです。ただ、感情が出ていましたね。

第3章　奇縁で結ばれ、農林族に

この章から、この対談のきっかけになった全農改革についての対話が始まる。

小泉進次郎が自民党農林部会長になろうと思ったわけではなく、福田達夫も小泉の下で部会長代理になることを望んだわけではない。小泉の農林部会長就任は官房長官・菅義偉と当時の党政調会長・稲田朋美の協議によって決まり、福田の部会長代理就任は小泉の指名だった。

菅や稲田はたんに小泉を鍛えようと思っただけでなく、環太平洋経済連携協定（TPP）の大筋合意を受けて対策をとりまとめ、国民、農業者の理解を得るのに小泉の人気を利用しようと思ったに違いない。小泉はその意図を察知しつつ、国の基と言える食料問題に取り組むことを「政治家としての根っこをつくる機会を得た」ととらえた。

とばっちりを受けたのが福田だ。小泉から部会長代理への就任を要請された福田は「何言ってるんだろう」と思いながらも、「わかりました」と言って受けた。「食料と環境と安保は福田家のお家芸」であっただけでなく、命じられたならば、どんな仕事でも受けて全力を尽くす「仕事師」を任じているからだ。三菱商事でサラリーマン生活を送る中で、自分に自分の人事権はない、組織の指示には従う——という処世術が身についていたのかもしれない。このあたりは、組織に属したことがない小泉との大きな違いだ。

この全農改革で小泉と福田の政治家としてのタイプの違いも浮き彫りになった。福田は対談の中で小泉の手法と自分の役割をこう語った。

「部会長は機甲部隊、騎兵部隊だ。機甲部隊はとにかく突っ込んで打撃を与えてかき回す。そのあと、後ろを付いていって占領する歩兵部隊が必要。私はそういう役回りだ」

この話を聞いたときも、「小泉純一郎首相―福田康夫官房長官」の関係を思い出した。小泉は重大な局面で思い切った決断を下し、「ワンフレーズ」に象徴される国民向けの発信力は見事だった。その発信力、突破力はそれまでの首相とはまるで異なり、首相の振舞いとして一時代を画した。しかし、小泉純一郎が目を向けなかったことも少なくなかった。小泉が関心を示さないことをせっせとこなしていたのが福田康夫だった。福田達夫も、小泉進次郎が突進した後を整地していく役回りだった。

小泉進次郎は現在、もっとも人気がある政治家だ。彼に向かって、福田達夫が、「政界は国会議員の嫉妬の世界。みんな部会長を使おうと思っているか、おもしろくないと思っているか、たぶんそのどっちか」とずばり言ったのには驚いた。小泉はその指摘を素直に受け入れた。

福田は、小泉の指南役の役割も果たした。「いや、今の話、部会長の話を聞いていると、部会長がやりたいことはこういうことですよね」「あ、それそれ。見つかった、言葉が」——といったやりとりで、物事が進んでいったようすも、小泉は明かした。

小泉は、「策士」という側面も見せた。農林部会長就任直後、TPP大筋合意を受けた対策のとりまとめにあたって、金額の大きさを競わせるようにしないために、ウルグアイ・ラウンド対策の失敗を当時の議員に語らせる作戦を立てた。作戦は当たり、TPP対策に金額は盛り込まれなかった。小泉は権謀術数にも長けているのかもしれない。

全農改革という難事業が成し遂げられた舞台裏を聞くと、この国の農業がおかれた現状も、はっきり見えてきた。

ちょっと用件だけ伝えるから。
僕、農林部会長になることになったんだけど、部会長代理よろしく。

え！　僕、農林わかりませんよ。

大丈夫、僕のほうがわからないから。

――この章では、農政との関わりに入りたいと思います。まず、二〇一五年の十月に小泉さんのところに当時の稲田朋美政調会長から農水の部会長をやってほしいという話があったわけですが、何か予兆はありましたか。

小泉　議員会館のこの部屋に、まったくアポなしで稲田政調会長が来られたんですが、そのとき、僕、いなかったんですよ。うちの事務所から、「政調会長が来られました。よろしくと言って帰られました」と連絡が来たから、これはなんかあると。それで連絡をしたら、「ちょっと来て」ということで、行ってみたら、いきなり「あなた、農林部会長ね」って言われて、ほんとにジョークだと思ったんです。

そのあとに本物の人事を言い渡されるんだろうなあと思って、「あ、ジョークですか」って言ったんですよ。そうしたら、「何言ってんや、ジョークじゃないわよ」って言われて、「じゃ、なんで僕が農林部会長ですか」って言ったら、「それは一番大変だからよ。だからあなたよ」と。僕、女性ってそのときすごいなと思ったんです。男は大変なポストに就いてもらいたいと口説くとき、嘘でも、「これは君にピッタリだ。非常にやり甲斐がある。だから君しかいないんだ」と言いますよね。しかし、稲田さんは違ったね。「一番大変だからあなたよ」。これすごいなと思いましたね。

――小泉さんを農林部会長にしようと思っていたのは、もう一人、官房長官の菅義偉さんでした。だから二人の熱い愛情の下に誕生したということですね。

福田　父と母の（笑）。

小泉　なるほど。俺はあんな奴を推してないって言われるよりはいいね（笑）。

――そのとき瞬時に農政をやってみる覚悟ができましたか。

小泉　僕は、そこでは即答しなかった。「ちょっと考えさせてもらえますか」と言って引き取りました。それでいろいろ考えたときに、頭をよぎったのは、齋藤健さんのことでした。齋藤さんとは同期で、「四志の会」という勉強会をつくっているんです。二〇〇九年の総選挙で自民党は四人しか初当選しなかった。だから、絆が強くて、その齋藤さんが前の農林部会長だった。齋藤さんは、「一番苦労するポストをやりたい。しかも自分が今までやってきていないところで汗をかきたい」と言って志願した結果、農林部会長を命ぜられた。その姿勢には尊敬する部分がありました。望んだ茨の道を歩むことに対する羨ましさもあった。今回はそういうことかもな、という感じが自分でしたんです。

――じゃあ、そこで受ける気持ちになったんですか。

小泉　僕はまず、ほんとに自分が農林部会長になることが可能なのかと思った。確かに部会長は政調会長に人事権があります。だけどやっぱり党の中の農林部会って独特ですから。政調会長の「あなたね」っていうそのひと言で、周りがうんと言うものなのだろうかと思った。仮に政調会長が小泉だと言っても、いわゆる族議員の方やベテランの方々がふざけるなという状況だとしたら、なったって何もできないと思ったんです。だから政調会長に「政調会長から皆さんに聞いてもらえませんか。小泉を農林部会長にしようと思うけど、いいかと。それで認められないというんだったら、やはりそれは無理だと思います」とお願いした。それで、政調会長が確認をしてくれて、「大丈夫よ。支えるって言ってるわよ」ということになった。

――それは農林族のドン、西川公也さんらに当たったということですかね。

小泉　そういったことはあったみたいですね。それでそのあと、部会長代理をどうするかって話になって、達夫さんにお願いしたという流れなんです。ただ、ちょうど僕が電話したときに、達夫さんは中国にいたんですよ。だから、あんまり長電話しても申し訳ないと思って、「ちょっと用件だけ伝えるから。僕、農林部会長になることになったんだけど、部会長代理よろしく」「え！　僕、農林わかりませんよ」「大丈夫、僕のほうがわからないから」みたいなやりとりで（笑）。

福田　何言ってるのかと思った（笑）。うちの事務所に電話かかってきて、事務所から小泉部会長から電話があったと。お父様になんかあったのかなと思いながら、電話がつながったら、部会長代理就任の話。え！　何言ってるんだろう、何も貢献できませんよ、と思いました。興味はあったので部会とかにちょこちょこ顔は出してたんですけど、あんまり首を突っ込まないでおこうと思っていました。よりによって部会長代理とか言ってもなあ、部会長も農林部会で見たことないしなあ、とか思いながら。でも、さっきの親父の話といっしょで、こういうものって御縁というか、お声がかかるんだったら、それはやるべきなんだろうなあとも思ったので、「わかりました」と返事しましたけど、何をやるのかもさっぱりわからなかった（笑）。

小泉　そうだろうね。

――小泉さんからの電話を受けたとき、やろうっていう気分にすぐなりました？

福田　いや、わからないですから、一緒に中国に行っていた武部新代議士に相談した。武部勤先生の息子さんです。彼だけに相談して、「できるのかなあ」と言ったら、彼は楽観的なので、「大丈夫、できるよ、やっていけるよ！」って言う。ふーん、そんなもんなのかなあと思った。まあ、受けりゃあとはやるだけですよね。福田家の人間は基本、仕事師なので、仕事があればやるだけなんです。

――菅さんも西川公也さんや吉川貴盛さんに連絡して「小泉のことをよろしく頼む」ときちんと話されているんです。農政あるいは農林水産業の問題は非常に身近な問題なんですけれども、自民党の中でもひと握りの人しか関わってない。国民のほとんども農政を知らない。それなのに興味を抱かれましたか。

小泉　ありましたね。農業という世界、林業という世界、ここは最終的にものすごく本質的なところに辿り着く分野。人は生きるためには食べなきゃいけない。その食料をど真ん中で議論するのがまさにこの分野じゃないですか。その大切さ、重要性というのは政治家の誰もがわかっていると思うんだけど、本当に真正面からどっぷりと向き合う機会があるかどうかというのは別問題です。そのど真ん中でいったい何が見られるのだろうか。そういった部分の難しさにおののく一方で、絶対に見なきゃいけない世界を見られるという、政治家としての根っこをつくる機会を得たというような、そういった思いがありました。

――福田さんにとっては青天の霹靂だったと思うんですけども、じゃあ、農政をやってみようと思ったとき、どのような感じを持たれましたか。

福田　食料行政は十年ぐらいしたらやりたいと思っていた。というのは、食料と環境と安保は福田家のお家芸みたいなものだと思っているんです。たとえば人口問題は、うちの祖父が一九七〇年代から言っていることを親父も受け止めていた。ですから、食料問題には興味あったんです。

また、部会長代理には二種類あって、まさに部会長の代理をするタイプと、部会長を支えるタイプで、とりあえず僕は後者なんだろうなと思った。部会長とはこれまでいっしょに仕事していなかったけど、きっと戦いまくる人なんだろうと。地元で説明するときは、「うちの部会長は機甲部隊、騎兵部隊だ」と。「機甲部隊はとにかく突っ込んで打撃を与えてかき回す。そのあと、後ろを付いていって占領する歩兵部隊が必要。私はそういう役回りだ」と言っていた。そうか、小泉総理時代の親父と同じようなことするんだなと思ったわけです。

だから農政をやるというより、農林部会長を支えるっていう立ち位置が最初なんです。支えるためには構造がわからないといけない。この国の農業全体と農水省の構造。さらに、農政に深くかかわる国会議員がいる。これが一体としてどのようにできているのか。さらに農協などいろいろな組織の構造、永田町の中での力関係、たとえば官邸との関係を把握できると、部会長をどこで支えればいいのかということがわかってくる。農政がわからなくても、それさえわかっていればいいかなと思った。

小泉　僕が今でも忘れないのは初当選当時、野党の一回生だったんですね。そこで、まず、部会ってどんなものなのかと思って、いろんな部会にとにかく出た。どんな雰囲気なのかとか、どんな先生方がいるのかとか。それで農林部会にも出たんです。すると、加藤紘一先生がいて、「おお、小泉君、あなたが農林部会に来るんだあ。でも、君んところって米あったっけ？」って言われたんですよ。それで僕は、「いいえ、米はほとんどないですけど、キャベツと大根があります。横須賀と三浦はキャベツ、大根です」と言ったら、「あ、そう。キャベツ、大根ね」。これを僕はどう受け取ったかというと、「はあ、この世界は米がなきゃダメなんだ。米がないと相手にされないんだ」。そういう印象だったんです。

本流は米を持っているかどうか、日本の農政は米である、それじゃないとコアな部分にはタッチできない、入れない一線がある。そう思った。

言いたいことがあっても相手にぐっと抑えさせる何か、無形の力、それが達夫さんにあるなって僕は思っていたんです。

――小泉さんが部会長になられて、部会長代理を一期下から選ぶとなると、二〇一二年初当選組は百人を超すいろんな人がいます。そこで、福田さんを思いついた理由は何だったんですか。

小泉　ただでさえ若造で、新参者で、突っ込もうと思えばいくらでも突っ込みどころのある、そういった自分が部会長になった。だから、困ったとき最後に守ってくれる人は、農業に詳しい人ではないと思った。小泉はおもしろくねえけど、あいつが後ろで守ってるからな、あの人に頼まれちゃったからな、っていう人でないと、部会長なんてやりきれないぞという思いがあった。それでパッと浮かんだ。これ、達夫さんだなって。

福田　でもそれまで会ってないですね、ほとんど話もしてない。

小泉　もう少し詳しく話すと、まず部会長代理を二人、衆議院から選べる。一人は鈴木憲和さんだとすぐに決めていたんです。鈴木さんは元農水官僚で僕と同い年。何でも言いやすいし、農政を間違いなく僕以上に知っていて、役所のこともわかる。そういった農水に明るい人が必ず一人いなきゃいけない。

さあ、もう一人どうするかというときに、いろんな情報を集めたんです。どういう先生方が日ごろから農林部会に出ているか。まったく出ていないというのもちょっと違うだろうなあと。そして適格な期数の中で何人か残ったわけです。そうしたら達夫さんの名前があった。憲和さんは名前を複数挙げて、「あとは小泉さんの判断じゃないですか」と言った。「そうか、じゃあ、達夫さんだな」と言ったら、「はあー、達夫さん選ぶか」（笑）。そこに行くかっていう感じの憲和さんのコメントをすごく覚えている。

福田　わかった。あとで彼に電話しとく（笑）。

小泉　それで、去年、一連の農業改革が終わったあと、憲和さんが僕に、「あのとき達夫さん選んでよかったね」と言っていたのがすごく印象的だった。

――でも、それまでは仕事の接点はなかったわけですよね。

小泉　ないですね。

福田　ないです。

――小泉さんが選んだ時点で達夫さんの仕事振りというのはそんなに知らなかったんでしょ？

小泉　全然知らないです。だけど歩いていて目を引くタイプなんです。

福田　体がデカイからじゃないですか（笑）。

小泉　人の持っている何か輝くところというか、普通に国会で見ていても、目を引く。それは政治家の存在感という意味で。そこって僕はすごく大事だと思っている。それがいわゆる「重し」です。言いたいことがあっても相手にぐっと抑えさせる何か、無形の力、それが達夫さんにあるなって僕は思っていたんです。話したことがなくても、それはわかった。

福田　でも、部会長は政務官だったからほとんど党にいませんでした。

小泉　だけど国会に行けば見るじゃないですか。それとあと二期生の中でも達夫さんのことを慕っている同期の人たちも知っていた。兄貴分みたいにね。たとえば憲和さんなんかもそう。

――なるほど、そうなんですか。最初から福田さんも存在感があったんだ。

福田　よくわからないけど（笑）。できるだけ人に知られないように生きています。

――議員はそれじゃまずいでしょ。

福田　だから合わないんですよ、議員って仕事が、ほんとに。

隣で西川先生が、「部会長、これで逆にはねたら、俺たち切腹だな」と話されて、「はい、そのときはすいません。いっしょによろしくお願いします」みたいな話をした。

小泉　部会長に正式に就任したのは二〇一五年の十月二十三日。ＴＰＰの対策を取りまとめる期限が十一月の中旬。なんだこれ、と。もうほんとに途方に暮れましたよ。しかも僕は農林部会長になる前はＴＰＰを進める内閣府の政務官なんですよ。甘利明大臣の下で

ＴＰＰを担当していたわけで、それが今度は、真逆の立場になるんですから。最初はほんとに必死でしたね。

――その二週間ほど前の十月五日にＴＰＰの大筋合意ができて、これから党でＴＰＰの対策をつくるのに、部会長に小泉さんがふさわしいというのが人事権者の考えとしてあったと思います。小泉さんは部会長になられて、まず部会に、農林族のドンで引退した谷津義男元農水相を呼ぶことから始めましたね。小泉農林部会はこれまでの農政の反省から始めよう、一から洗い直そうという意図が、小泉さんの頭の中にあったのかなと思いました。

小泉　まさにその通り。あのＴＰＰの対策のとりまとめのときにとくに意識したのは、ウルグアイ・ラウンドのときの対策なんです。六兆円という巨額の予算を投じながら、今振り返ってみれば、残念ながら最初に大きな額がボーンと出たせいで、予算の額ありきになって、農業の競争力の強化にはつながらなかった。同じことを繰り返してはいけない。ウルグアイで六兆だったら、ＴＰＰでは何兆だ、みたいな議論にしては絶対ダメだということで、僕が一番意識したのは、この対策に額は絶対に入れてはいけないということでした。だけど額を入れたいという人ばかりなんです。

かつ、部会長就任当初で中身がわかりませんから、大きなところで勝負しないといけない。それで西川先生に相談して、「額は入れてはいけないと思っています。当時のウルグアイ・ラウンドのことを知っている方って誰ですかねえ」と聞いたら、「現職はもういないねえ。谷津さんかね」と。そこで、「谷津さんにお話していただくことできますか」と言ったら、西川さんがその場で、「そうか。電話してみるか」と言って、いきなり電話してくださった。そして、電話を代わって、僕がお話をしたら、引受けてくれたんです。

ただ、不安だったのは、部会に来られて六兆は間違ってないという話をされてしまったら、額を入れたい人たちを勢いづかせてしまうので、谷津先生に、どんな思いですかと確認した。そうしたら谷津先生が、「いや、小泉君ね、あれは農林族の大失敗だったんだ。私たちの大失敗だ」と。さらに、もう一つ言われたのは、「小泉君、これから大変だと思うけども、農業団体の言うことを聞きすぎちゃダメだぞ。俺たちは聞きすぎて間違えたんだ」とも。まさかそこまで赤裸々におっしゃると思わなかったから、これはいけると思った。

そうは言ってもマスコミのカメラが入ってから、逆のことを言われたらどうしようということも正直あったんです。隣で西川先生が、「部会長、これで逆にはねたら、俺たち切腹だな」と話されて、「はい、そのときはすいません。いっしょによろしくお願いします」みたいな話をした。そうしたら谷津先生は、なんと僕に電話で話した以上に赤裸々なことを話されて、僕は「谷津爆弾」と呼んでいるんだけど、あれでみんな黙ったね。もちろんいろんな賛否はあったと思いますよ。だけどあれで額を入れろという大合唱はなくなった。僕の立場からすると、ありがたい一つのハイライトでしたね。

――私もウルグアイ・ラウンドのとき、現場で取材をしていましたが、とにかく金額ありきでしたね。中身が詰まる前に額が膨らんでいった。ものすごい対策をやるんだというイメージだけ伝わった。

小泉　谷津先生は自民党本部の会合で、「まさか六兆円付くと思わなかったんだよ」と言いました。「あんなに付いちゃって、もうどうやって使うかを考えたら、土地改良だったんだよ」と。まさかそこまでお話しすると思わなかったから、聞いていて衝撃的でした。

――土地改良というのは農業土木で建設会社の仕事が増えるってだけの話ですよね。そのとき、福田さんは部会長代理の席で谷津さんの話を聞かれていたわけですよね。

福田　聞いていました。それに、谷津先生には僕が官邸にいたときから、「止め男」を常にお願いしていたので。

――「止め男」というのは？

福田　要するに当時、総合農政派といわれる加藤紘一先生たちのグループに対して、西川先生はいわゆるベトコン派、「とにかく増やせ派」の最強力な方で、秘書官のところにいろいろと難しい宿題を持ち込まれた。あまりに困ると谷津先生に相談させていただいていたんです。いつも、「達夫君、なにかあったら、俺に任せな」と言っていただいていた。でも、あそこまで赤裸々に語られるとは思いませんでした。自分たちがやってきたことを全否定された。谷津先生は議員引退後も、いまだに群馬で農業の現場に触れていらっしゃるので、実感なんだろうなあと思いました。

小泉　そして、部会長に就任して、まず農業が今どういう状況かを調べたんです。一九九五年と現在とを比べると、この約二十年間で、農業総産出額が十・四兆円から八・四兆円（二〇一四年）に、生産農業所得が四・六兆円から二・八兆円（同）に、農業就業人口は四百十四万人から二百十万人（二〇一五年）に、耕地面積も五百四万ヘクタールから四百五十万ヘクタール（同）にそれぞれ落ちている。農業就業人口における六十五歳以上の割合、高齢化率は四三・五％から六三・五％（同）に上がった。農家の高齢化は進んで、米農家の平均年齢七十歳、全農家の平均は六十六歳になっていた。西川先生に、「いったいなぜこうなってしまったのか。これはなんでですか」と聞いた。西川先生の答えは、「いや、小泉先生が言うとおりなんだよ。これはね、悪いのは三つ。一つは族議員、私も含めて。二つ目は農水省。そして三つ目が農業団体だよ。だから変わらなきゃいかんな」だった。

——そういうセンスは谷津さんも西川さんもお持ちだったが、党には浸透してなかったわけですね。まだ増やそうという人がいた。でも谷津爆弾によって鎮まったということですか。

小泉　そうですね。決定打に近かったんじゃないかな。党内世論というのがやっぱりありますから、そこの部分においては非常に意味のある会だった。

——もう一つ、小泉さんがやられたことは、農業者から直接話を聞くことでした。何人も招かれました。

小泉　何人どころじゃないですね。ほんとに多くの方に来てもらったし、あと自分から現地にも行って、そこで話を聞いて、また現場を見ました。僕は、そもそも長く農政に携わってないですから、役所から聞いても実感が湧かないんです。いちおう数字とかはわかりますよ。政策的には各省の各局のやっていることを聞けば、なるほどねとわかるけど、なんか実感が湧かないんですよ。これだけ聞いて判断したら誤るぞ、最後迷ったときは現場だと思った。その結果、間違えることがあるかもしれないけど、現場の声を聞いた上での判断であれば、それは責任を取れると思って、とにかく現場の声を聞こうとしました。その中で一番印象的だったのは、兵庫県にキャラバンに行ったとき、僕と同世代の農家の人が、「僕らが求めているのはTPPの対策ではありません」と言ったことです。「むしろ今恐れていることは、拙速に対策がつくられて、もともとあった課題に手を付けられないことです。だから時間がかかっていいから、なんで今の農業はこうなってしまったのか、根本的なところにしっかりと取り組んでもらいたい」ということを言ってくれた農家がいて、僕は迷ったときは、その言葉を常に思い出しました。

そこで、よし、と。対策は対策として、一発で終わってはいけない。その後、継続して、その根本にある課題について着手をする、そういった仕組みをつくっておかなければいけないと心に決めた。

もう一つの狙いは、短期勝負だったら反対する人たちにまったくかなわない。こちらは何もわからないんだから。わからないままワァーッと決まっちゃいますよ。だから僕には時間が必要だと思ったんです。そこで思いついたのが根本の議論をする場をつくろうということでした。それが骨太方針策定のプロジェクトチームです。そうすれば時間が買えると思ったんです。

――部会にも相当いろんな方を呼びましたね。

小泉　多いときには週三、四回やっていました。マスコミにも全部オープンにした。これは結構画期的で、記者の方々からも、「どういった議論をやっているのかというのがわからなかったけど、わかって助かった」と言われましたね。

農政を定点観測してくれているメディアが本当に少ない。だから政策が結果的に検証されない。そして世の中にはなかなか伝わらない。

――福田さんは、自分が何をやらなきゃいけないか、次第に絞られたんですか。

福田　TPP対策をまとめるところまではワァーッとした流れがあって、部会長が棹を差すところはもう部会長だけにしかできないところなので、僕が一つだけやったのは「前文を付けましょう」と言ったことです。

小泉　「国民の皆さんへ」（章末参考資料参照）。あれ、結構、画期的だったね。

福田　あのまま行ってしまうと、今までの農政から変われなくなってしまうから、小泉新農政というか、農政新時代に変わるんだというメッセージとして、「国民の皆さんへ」というメッセージを付けましょうと。農業者向けだけではないと。

小泉　ＴＰＰ対策のとりまとめをした文書の一番頭。そこに国民に向けたメッセージを付けた。なぜ対策が必要なのかと。国民の皆さんに農業というのは国民全体のものなんだという、そういったことをしっかり伝えるものがないと、今までとは変わらないという思いを達夫さんが言ってくれた。

福田　それは、部会長が何を訴えたかったのか、ということなんですよ。部会長がやりたいことは二つ。大きく分けると、一つは国民に支えてもらう農業、それを国民に理解してもらう。もう一つは、農業者が経営者になる。結果的には政治家が口を出さなくていい農政をこの人は求めているんだな、というのがわかった。このままでは、農業関係者と農業団体と農政の先生方のためのものになってしまうので、初っ端からこれだとヤバイなと。で、部会長からの国民に向けてのメッセージで付けましょうっていう話に。

小泉　すごくよかったのは、結果としてその後もその一枚紙がみんなの原点みたいなものになって、そのメッセージが、最終的に言いたいことはここだよね、って帰ってくる場所になった。たとえばその一つが、「今こそ我々政治の側が変わらなければなりません。

この新しい時代に立ち向かおうとしている現場の生産者の努力や挑戦を皆さんとともに全力で支えます。そして、消費者の皆さんの日々の選択こそが、生産者を支え、日本の食の未来を形づくる基礎になります」というくだり。

これは常に言わなければいけないって思った。「消費者に向けて」「国民に向けて」という、ここなんだと。国民が支える農業、つまり政治色をもっと薄めて、開かれた農政にするためには、一部の業界だけがいつも見ているのではなく、国民が常に見ているという世界にする。そうなれば、悪いことはできないんです。

これはマスコミの皆さんにも常に言っていることなんだけど、農政を定点観測してくれているメディアが本当に少ない。だから政策が結果的に検証されない。そして世の中にはなかなか伝わらない。僕が去年(二〇一六年)一年間、いろんな改革の中の議論でぶら下がりも毎日受け、常に歯がゆい思いをしたのは、質問してくる記者の知識が、農政の基本的なところさえも押さえられていない。一つの例を挙げると、全農改革というとき、全農が何であるのかすらも知らない。

そしてJAという言葉、JAグループという言葉、JAグループの中には全農があり全中があり農林中金があり、たとえば全農は何をやっているのか、全中は何をやっているのか、農林中金は何をやっているのか——これらを混同していて、農林中金がやっていることを全農がやっているというふうに思い込んで質問をしてくる人とかがいる。いかにそれを共有した上で情報を伝え、正しく報じてもらえるか。この農政という世界にもっと広く世の中の目が当たり前に注がれるようにしなければ、この世界は変わらない。そういう思いが強かったですね。

——記者はだいたい一、二年で交代します。不勉強な記者相手に説明するって大変でしょ。

小泉　まあ、自分も不勉強な部分はいっぱいあるから、偉そうなことは言えないですけど。ただ、少なくとも新聞やテレビの経済部で農林水産省担当となっているのであれば、僕より知っててもいいですよね、と思うことはよくありました。

正直支えやすいですよ。
やりたいことがわかりやすいんです。

——先ほどの福田さんの話を聞きながら、おもしろいなと思ったのは、会社でも役員のそばにいると、トップが何をやりたいかがわかるんですね。

福田　わからないと仕事ができないですから。仕事としては、部会長からテーマをもらって部会長と同じ格で判断するか、もしくは支えるかのどっちかです。始まったころは部会長自身がわれわれに仕事を振る余裕はないですから、支えるというのがとりあえずの仕事でした。基本はまず支える。役所は支えてくれるけど、党内でやるのはわれわれしかいない。いろんな意味での闘いがある中で、部会長の目が届かないところはわれわれがやるという、チームみたいなものです。当たり前のことです。

――小泉さんがやろうとしていることを理論づけしていく、まとめていくという感じですか。

福田　形をつくるというより、つっかえ棒を差していく感じですね。

小泉　時々、僕がやりたいことを達夫さんが教えてくれるみたいな感じになるんですね。「いや、今の話、部会長の話を聞いていると、部会長がやりたいことはこういうことですよね」「あ、それそれ」みたいな（笑）。「あ、見つかった、言葉が」といったことがよくあった。

福田　僕は正直言うと、陰に隠れてわからなくてもいいんです。部会長は山ほどの情報に接し山ほどの人間と会って、山ほどの人と調整する。そうするとやっぱり人間だから、何やってたんだっけ、って、わからなくなるじゃないですか。そのときにこちらで見ていて「部会長、こことここが軸ですね」と言う。なんか違うところに行っているなというときには、「部会長、もともとこれでしょ？」って言う。そうすると、「そうか」って気づく。

小泉　縦横無尽にグラウンドを駆け回っていて、もうグワァーッと走り回っているときに、「おーい、ここですよ、ここですよ」と声を掛けてくれる。あのボールはサードに任せといた方がいいとか。

福田　そうそう。「部会長だって剛速球投げたいんでしょ、じゃ、あのマウンドに行けばいい」というときもありますけど。

――いいコンビですね。

小泉　頼れる兄貴分です。

福田　正直支えやすいですよ。やりたいことがわかりやすいんです。で、目指すべきところがあって、ああ、この面ではこういう人が支えている。この面ではこういう人が支えている。このへんは緊張関係、ってわかってくれれば、あとは自分の役割がわかりますから。

――小泉さんはそれを知っていて任命されたんですか。

小泉　いや、ほんと理屈じゃないんですよ。もしかしたら小泉家・福田家の今までの流れの中で、たぶん大丈夫っていう、そこに甘えた部分もありますね、直感的に。

――「小泉首相―福田官房長官」の時代を見てそう思ったんですか？

小泉　それよりも前ですね。赳夫先生の下で書生としてうちの親父が仕えていた。落選中も勉強させていただいた。僕は見ていないけども、あのときのことも踏まえて、福田家に対する特別な思いというのは、なんか残っているわけですよ。そこに勝手に政治的宿命というか、これは必然の接点なんだなっていうことを自分の中で納得するというか、この瞬間なんだと。達夫さんが農林部会にちょこちょこ出ていてくれたことに感謝ですよ、僕がまったく出てなかったときに（笑）。

――小泉政権時代、小泉首相はバンバン、バンバンやるだけで、地固めしているのは官房長官という感じがしたんですね。で、福田官房長官には端的に言うと、俺がいるからこの内閣は持っているみたいな意識がちらっと見えたときがあった。

福田　わからないですけど、うちの親父は「あくまでも自分はナンバーツーだ。だからナンバーワンに対してサジェスチョンはする。アドバイスじゃない。あくまでも提案であり提言だ。自分はナンバーツーだ。最後に判断するのはナンバーワンだ」という話をしていた。当時北朝鮮の話で拉致被害者を帰す、帰さないという大変な問題があったとき、小泉首相は官房長官のラインは取らず、安倍晋三官房副長官ラインを取ったことがありますが、そのとき、記者にそういう話をしていた。

そこは福田家のプロの仕事師の面だと思います。僕の中にも正直あるんですよ。僕は会社でもボスに仕える仕事が多かったので、基本的にボスは正しいと。正しくなければ、それは「間違っています」と言う。だけど言って、ボスがそれでも行くというならば、それはボスの判断だから、支えるのが僕の仕事、という感じですかね。

そういう意味で言うと、似ているかもしれない。結構初期のころは、部会長もこっち行ったりあっち行ったりしたんですよ。一週間前と言っていること違うぞ、みたいな。こっちだと言ったからこっちを整えていたら、あれ、あっちに行っているっていうことがあった。部会長はすごく学習するんです。自分でも勉強する。そこは、世の中のほとんどが誤解していると思う。逆に言うと、勉強している間、軸が決まるまでは、やっぱり揺れるんですよ。

だけど、本当にやりたいのはここだ、というのがだんだんわかってきて、たぶんこのへんに収束するなというのが見えてくると、仕事しやすかった。最初それがわからないときは、正直すごく辛かった。どう仕事していいのかわからないんですから。だんだん中心軸と幅が見えてくると、すごくわかりやすいというか、支えやすくなる。それがわかるまでは、結構振り回された。

小泉　すいません。

福田　鈴木君と二人で「どうしようか。毎週変わるもんな」って話していました。いっぺん部会長に苦言を呈したのは、「部会長の発言力は大きすぎるので、ひとこと言うと農水省の人はじめ百人ぐらいが動くんですよ。すぐ作業が発生してくるんです。そういうことをわかってくれないとまずいっすよ」って。

小泉　何気なく言ったことで、そんな真に受けないでっていうことまで真に受けて返してくる農水省のまじめさを含めて、おっしゃるとおりで、僕自身がそこを理解してなかったんですよ。

福田　大きな組織での仕事の経験があるかどうか、ということでしょうね。

農水省はこれまたまじめだから。政治家の言ったことは百パーセントなんとかしようと思う役所なんだ。だから最後の方で、農水省の若手に、「聞かなくていいよ。全部正しいなんてあり得ないんだから」と言ったくらい。たぶんそれが、農政が進まない大きな理由だと思う。まじめすぎ、彼ら。ほんとまじめ。だけど頑なところは絶対変えない。

小泉　そう。

福田　だから部会長がひとこと言っちゃうと、すべて発動するんです。部会長が言ったことを全部ちゃんと短冊に切り刻んで、それぞれの部署にばら撒いて、その部署がいろいろ考えた上ですり合わせをして、一個にして持って帰ってくる。膨大な作業が発生するんです。指一本動かすと、もう、中国の皇帝みたいなもんで（笑）、ほんとに。

三十六歳でこの立場にいて、先輩の議員の皆さんの理解を得ながら自分の進みたい方向に進もうとしたら、ぶっちぎりじゃないと認めてもらえないいんですよ。

――小泉さんが努力されてる姿は表から見えないのでわかりにくいんですが、毎日午前一時、二時ごろまで勉強されているのですか。

小泉　たとえば毎日、新聞は十紙読む。読売・朝日・産経・毎日・日経・東京・神奈川、そして、日本農業新聞とスポーツ新聞二紙。

——スポーツ新聞も読まれてるんですか。

小泉　読んでます。あと時々英字新聞一紙読んだりします。僕らって、夜も会食とか入るじゃないですか。ですから、帰ってきてからが自分の筋肉を付けられる時間なんです。家に着いて何をやるかといえば、まずテレビのニュースを早送りで見ている。そうすると時間短縮できる。それを回しながら、新聞を十紙パァーッと流して、次にお風呂入りながら本を読む。その日のうちに寝ることはないですよね。逆にその時間で次の日につながる、いわば筋トレをやっておかなかったら、筋肉は痩せていきます。疲れがピークのときとかは割り切って、帰ってきたら新聞も読むことなく、もう今日は寝るべきだと決めてスパッと寝るときもありますよ。だけど基本的にはやっぱりそれが大事な時間ですよね。

——会合が終わって戻られると、もう九時半か十時じゃないですか。

小泉　もっと遅いときもありますけどね。

——それから毎日二、三時間は筋トレやってるわけだ。

小泉　脳内筋トレというか、政治的筋トレ。特に僕の場合、農政の世界で生きるためには、加速度的な筋力トレーニングが必要とされた。なおかつこの世界で、三十六歳でこの立場にいて、先輩の議員の皆さんの理解を得ながら自分の進みたい方向に進もうとしたら、ぶっちぎりじゃないと認めてもらえないんですよ。ぐうの音も出ないっていうぐらいの熱量が見えないと、ついてきてくれないですよ、誰も。だからすごく単純なんですけど、誰よりも頑張るしかないと思ってるんです。じゃないと理屈抜きに、「この若造が」って誰だって思いますよ。ついてきてくれたり、支えてくれたり、困ったときは手を差し伸べてくれたり、そういったものはないと思います。だから、あっち行ったりこっち行ったり、ときにはピントがずれたことも言うけど、だけどあの人頑張ってるよねっていうひと言が出ないと、人には伝わらないですよね。

――睡眠時間五時間ぐらいは確保されるようになさってるんですか。

小泉　取れるといいですね。しかし、農林部会は基本的に毎朝八時ですから。それができるようにしてくれたのは、アメリカでの大学院生活。あのときは毎日の睡眠三時間だったんです。ほんとに脳みそから汗が出ると思うぐらい勉強した時期だったんですよ。本を読むとかいうよりも、本を食べてるイメージです。それぐらいの熱量がないと生きていけなかった。あの時期の経験が、「あのときに比べれば」って思わせてくれている。

――ベテラン議員に聞くと、進次郎さんは親父よりいいと。理由の一つは、ちゃんと勉強している。お父さんは勉強されてなかったんじゃないですか。

小泉　僕ね、ほんとにびっくりしているんだけど、親父はほんと勉強しなかったたって言う人ばっかりだね。こんなにもみんなが異口同音に勉強しなかったって言う人って珍しいなって思う。

福田　聞いた話ですが、お父上の部会長評は、「あいつは勉強してるからダメだ。ほんとは孝太郎のほうがいいんだ。進次郎は勉強し過ぎる」って。

政界は衆参合わせ七百十七人の国会議員の嫉妬の世界。みんな部会長を使おうと思っているか、おもしろくないと思っているか、たぶんそのどっちかですよ。

――福田さんは小泉さんよりも十四歳年上。学年だと十五年離れています。しかし、当選回数では小泉さんの方が一回上です。役職も上。仕えることに抵抗を感じませんか。

福田　仕事ですからね。部会長を支えるのが部会長代理です。ぶっちゃけて言うと、それは三十六歳の方だからいろいろと目に見える、気になるところはあります。それも含めて支えるのが仕事なので、別に年齢でどうこうというのはあんまりないです。あと、気づいたことは言わせてもらっている。それができなかったら難しいですよ。

小泉　むしろ言ってくれって思ってます。自分に足りないところは自覚をしているから。だから逆に僕からすると、年上の部下になるわけじゃないですか。だけど気持ちの中では先輩なわけですよ。この世界で三十六歳というのは圧倒的に若くて、自分には見えてない部分もあるというのを自覚しているから、年上の部下の存在がありがたい。僕はそれでやりやすい。

——小泉さんは政界で今、特別な存在になっているでしょ。小泉さんにはものを言わない人も多くなってるんじゃないかと思いますよ。

小泉　それは感じますね。そういう自覚があるから、僕に厳しいこともちゃんと言ってくれる存在をつくらなければっていう危機感がある。だからそれはうちの事務所のスタッフにも言ってるんです。

福田　でも言えないよね（笑）。

小泉事務所女性秘書　割と言ってますよ（笑）。

小泉　言ってるよね。でも、田﨑さんの言うとおり、言われないことが一番怖い。達夫さんはそういうことも言ってくれますよ。

福田　あるときにちょっと一人でお邪魔して、「言ってもいいですか」って言って、そこからです。というのは、前の会社で常務のときからお仕えしていた方がとってもいい方で、人の話をよく聞くし、まじめ。でも社長になってからしばらく経つと、周りの方々がブロックし始めるんですよ。だんだん祭り上げていって、いいことしか基本的に言わない。僕はなぜかよく呼ばれて直接行っていた。あるときに、その社長が、「日本の会社はみんなサラリーマン社長だから、俺が間違ったならばみんなが言ってくれる」と言われたんで、「いや、社長、誰も怖くて言いませんよ」と申し上げた。

要するに、「裸の王様」って望んでなるんじゃなくて、どんどん自然になっていく。総理秘書官になったときも、親父に対して母と僕の二人だけは、親父の耳に障るようなことでも言うのが役割なんだと思っていた。

部会長を部下になる前から見ていて、ああ、この人孤独なんだろうなあってずっと思っていた。だって、特別ですから。同期は三人しかいないんですよ、かわいそうなことに。僕、百人いるんですよ。同期が三人しかいないって、すごく寂しいと思う。環境には強くなると思うけど。

小泉　しかも僕が最年少で、次に若い人はひと回り以上上ですよ。橘慶一郎さん、齋藤健さん、伊東良孝さんという順番です。伊東さんも橘さんも市長経験者。齋藤さんは埼玉県の副知事をしていた。

福田　でしょ。部会長は部下を持ったこともない。孤独だろうなあ。しかもこんなに祭り上げられちゃって。でも、それに応える能力があるもんだから、どんどん行っちゃうわけでしょ。これじゃあ奥さんもできないけど、友だちもできないだろうなって正直思いますよ。

――それは言い過ぎでしょ（笑）。

小泉　そういう傾向あるかもね。

福田　で、部会長に、「部会長って基本的に友だちいませんよね」と言ったことがある。この人は友だちをつくりにくいです。にもかかわらず、こういうところに来てしまった。政界は衆参合わせ七百十七人の国会議員の嫉妬の世界。みんな部会長を使おうと思っているか、おもしろくないと思っているか、たぶんそのどっちかですよ。そういうことも含めた上で話ができる関係にならないと支えられない。でも、それができるとそこから先は楽でしたね。だって、支え甲斐があるしね。

うちの親父は一般の人が思っている以上に派閥人間だった。派閥を否定していると思っている人もいるけど、派閥のためにとことん生きた人だから。

――その話をされたのはいつごろですか。

福田　あれいつだったかな。二〇一五年末か二〇一六年の年始か……。

小泉　議員会館のこの部屋でしたよね。

福田　ここ。ちょっといろんなことがあったんです。なかなか言いにくいことも含めて、この部分だけつくっておかないとこれから先、仕事をやりづらいなと思ったんで、言いました。そのときに部会長が、「でもうちの親も友だちいなかったからなあ」とおっしゃったから、「それ、たぶん違うと思いますよ。確かに友だちはいなかったかもしれないけど、お父様には仲間がいた。うちの親父とか森喜朗首相は兄弟だったし、清和研もあった」。

小泉　派閥だからね。

福田　温かいベッドはあったんですよ。その中で小泉純一郎という代議士は大事に育てられた。いざとなったら友だちじゃないかもしれないけど、助ける仲間はいたんです。そう考えると、やっぱり部会長に仲間というか、番頭役がいたほうがいいよな、と思った。

小泉　いたほうがいいかな？

福田　個人的な番頭役。ちょっと出っ張って言ったのは、事務所にもそういう機能の人がいたほうがいいなと思うし、政治家でそういうのがいたほうが間違いなくいいからです。

小泉　うちの親父は、政治家になると友だちなんかできないと言ってた。それが政治の世界だと。よくＹＫＫ（山崎拓、加藤紘一、小泉純一郎）の関係は友情と打算の二重奏だと言われました。政治家はある局面では手を組み、ある局面では敵となり、昨日の敵は今日の友、今日の友は明日の敵となる。その人の問題ではないんだと。この問題では分かれても、こっちの問題では握手をする。これが必ずあるからどこか達観した見方をしていた。僕ら息子から見ていても、親父はそういう生き方を地で行ってるっていう思いがしていたから、僕自身もそこは覚悟してるんです。だけど達夫さんが言っていることもよくわかる。うちの親父は一般の人が思っている以上に派閥人間だった。派閥を否定していると思っている人もいるけど、派閥のためにとことん生きた人だから。

――とりわけ、田中、竹下派に対する敵対心が強かった。

小泉　森喜朗政権時代の最後、内閣支持率がかなり下がったときだって、親分を支えるのが派閥の会長の仕事だと言って、絶対にぶれることのない支え方をした。ここはうちの親父にあって、僕にはないものですね。僕は最初から無派閥、まさに一人でやってきた。
　ただ最近、派閥が復権してきたという見方をしている人がいる。僕は規模の面や外からの見え方としては、確かにその力は見えやすくなっているとは思う。しかし、一人ひとりの議員の思いは、かつてよりもう少し緩いつながりで、派閥の外の人とでも、何か思いがつながれば派閥を超える。「僕は何々派ですけど、会合を天秤にかけた結果、今日はこっちに来ました」みたいな感じで、必ずしも派閥が最優先ではない。だから、派閥に入っていないから仲間ができないということはないという思いが僕はあります。ただ、僕は派閥否定論者じゃない。
――否定論者じゃないんですか。
小泉　僕は派閥イコール悪とは思わない。派閥というのは、この人を総理にしたいっていう親分がいて、子分は親分のためには身を粉にして務める。親分は子分に対して、俺のためにありがとう、何があってもおまえを支えるぞ、という義理人情、浪花節の世界なら、派閥はいいと思っているんです。そういうふうにわかりやすいところはないよなあと思うだけで、派閥イコール悪だとはまったく思わない。

――確かに「大宏池会構想」とか二階派とか見ていると、なんでそんなに人を増やしたがるのか、意味ないじゃないかと思ってしまいます。

小泉　なんでなんでしょうかね。それは派閥にいる人ならもっとわかると思うけど。

福田　はい、いちおう。でもあまり言うと……（笑）。

小泉　ともあれ、達夫さんから言われて印象的だったのは、「もう部会長は全員から嫉妬されていると思ってください。この世界は嫉妬が怖いから気をつけろとか、いろいろ言われるけど、部会長はもう無理です。みんなから嫉妬されていますから。もうそれは諦めてください」ということだった。

福田　ゼロベース。

小泉　そう、諦めてください、そういうもんですからって。だからその中でもうまくやりましょう、と。そのとおりだねと思った、僕は（笑）。

農水省若手スタッフの僕らに対する献身的な支えがなかったら、去年の改革のプログラムはまとまらなかったと思う。

――農政の話に戻ります。ＴＰＰの対策をまとめたあと、次の山は予算編成で、政務調査会の部会長は党の税制調査会に出席します。税調の感想はいかがでした？

小泉　正直言って、あの時期は憂鬱ですね。自民党本部九階の景色が僕、嫌いなんです。税調は９０１号室を使っていて、エレベーター前のスペースをいろんな団体の人たちが占拠して、会場に入る議員にペーパーを渡し、「よろしくお願いします、よろしくお願いします」の大合唱。そして発言した議員が出てくると、また、「ありがとうございます」の大合唱。あんなにわかりやすく、業界団体と政治の結びつきが表れる景色が嫌いなんです。とりわけ、業界団体が望んだことを言った議員に対して、「いやあ、先生、ありがとうございます」「おお、俺言ったからな」みたいな、こういうの僕、大嫌いです。

――なるほど。小泉さんが、これが大変だったと記憶に残っていることはありますか。

小泉　予算はすごく大切なんですけど、予算ありきの農政もまた、反省しなくてはならない材料です。一連の農政改革で重視したのは予算の規模ではなく、いかに構造的な転換の歯車を回す確実な文言とその仕組みを予算の中に入れることができるかでした。予算の規模については、はなからそこの勝負じゃないと思っていたから、予算編成の苦労はそれほどなかった。むしろ法制化とか、プログラムの文言に何を書くかとか、全農との厳しいやり取りのほうが圧倒的に大変だった。

――農水省の若手官僚との交流も就任直後から始まっていたんですか。

小泉　そうです。すぐに若手チームをつくってもらいたいと、当時、農水省の事務次官だった本川一善《ほんかわかずよし》さんにお願いした。各局から横断的に若手を集めてほしい、基本的には二、三十代でと。蓋を開けてみたら四十代も普通にいたんだけど（笑）。

福田　というか、ほとんど四十代。

小泉　まあ、それはいいやと思って（笑）。集まった人たちとは今でもつながっています。彼らはときには省の立場を超えて、われわれと共通の思いを持って闘ってくれた。その若手官僚チームの人たちには、ほんとに今でも感謝してます。今でもちょくちょく集まっていますよ。この農水省若手スタッフの僕らに対する献身的な支えがなかったら、去年

（二〇一六年）の改革のプログラムはまとまらなかったと思う。こっちの高く厳しい要求に、すごく誠実に、必死に、僕が言っていることが実現できるかということをまず考えるという発想でやってくれた。「いや、それは無理です」って言うのが官僚の常で、それを言う前に、どうやったら実現できるかを考えてくれる官僚は意外と少ない。官僚は、相場観を知ってるから。相場観の範疇から超えたことを言ったときには、「ああ、それはちょっと無理ですよ」と言う人が多いんだけど、この若手スタッフは、「うーん、ちょっと知恵出します」という発想がありましたよね。

——勉強会も頻繁に開かれたそうですね。

小泉　部会長に就任した直後は土日を使って、議員会館のこの部屋でやっていました。とにかくまず徹底的に詰め込んでもらわないといけないから、週末使ってじっくりやりましたね。農水省の幹部の皆さんにも休みを返上してやっていただいた。

——農政は、そこでしか通じない専門用語が多いように思います。

小泉　メチャクチャありますよ。たとえばケイハンって言われて、何を思いつきます？

——京阪電車かな……。

小泉　それもあるかもしれない（笑）。僕は鶏の飯だと思ったんですよ。

福田　僕もそう思った。シンガポールのチキンライス。

小泉　農林部会に行ったら、あるときみんなケイハン、ケイハン言ってるんですよ。僕は無知で知らないから、推測して、農林だから鶏の飯だろうと。ところがどうも違う。それで教えてもらったら、あぜ道と田んぼがつながっている斜面のことを畦畔と言うんですよ。わからないでしょ。

――わからない。漢字すらも思い浮かばない。

小泉　そうなんですよ。次にＴＭＲって言う。何だそれ、と。T.M.Revolution かってね（笑）。ＴＭＲは、「Total Mixed Rations の略で、畜産・酪農の牛に与えるエサを混ぜる、配合飼料を作る場所のことをＴＭＲセンターって言うんですよ。それもわからなかったから、局長に「これ、ＴＭＲって何の略？」と聞いたら、なんと驚くことに局長もすぐわからなかった。こういう世界かと。あと生まれたばかりの子牛のことを「もとうし」って言ったりする。

――モトウシ？

小泉　味の素の「素」の字で素牛と言うんですよ。今ではそういった言葉も身に付きましたけど、一般の人と話すとき、それをパッと言わないように気を付けている。

福田　それと、こちらが普段使っている言葉が農水行政では通じない。

——どういう意味です？

福田　基本的に横文字が通じない。リテラシーぐらいでもうみんなわからない。とにかく、横文字をすべて日本語でしゃべる。ビジネス畑から来た僕からすると、話が最初ほんとに通じなかった。単語の背景にある概念も違うものだから、同じ単語使ってしゃべっていても、実は考えることが違っていたりとか。ほんとうに「農林水産業社会主義国」だと思いました。ここだけ資本主義国家・日本じゃないと思った。農林語なの。

でも、土日でも皆さん出てくるとか、難しいこと言ってもちゃんと球を取りに行くんです。仕事と思ったことに対しての球の拾い方は、農水省はすごいですよ。国会議員が言ったことにすべて答えを返そうとする。経産省だったならば、たぶん三割、財務省だったら一割しか返さないところを、農水省は百パーセント返そうとする。だから仕事量が多くなるし、土日の勉強会はみんな大変だった。

小泉　ほんとにそうだと思います。

福田　ほんとうに純粋。その代わり、絶対ここは守るというところには政治家を入れない。一部の政治家しか入れないようなところもあるけれども、それも扉がいっぺん開くと、もうどばどばっと出てくる。だから、ほんとうにまじめだと思います。部会長が球を投げるでしょ？　ときどき球の方向が変わるんですよ。そのへんのエッセンスが何なのかを相談しながらやっていく。それと、四十代が多かったのは、結果として部下も使えるけども上司の説得もできたので良かった。

小泉　橋渡しだね。

福田　部会長は、「素人が世の中の常識的なことから言ったらこうなんじゃないの？」という目線から話す。要するに、自由主義で資本主義の世界で育ってきた普通の三十六歳が言う言葉だから、社会主義国家の農政の世界とは常識が違うんですよ。で、普通のお役人だったら「違います」とか「できません」と言うけれども、彼らは部下とも上司ともコミュニケーションができる人たちだったので、われわれの話を受け止め、ちゃんと上司と部下にも話を通したうえで持ってくる。その作業がきっちりできた。彼らがいたから、思いつきじゃなくて、施策として通せるだけの話をつけてくれる、というところまでやることができた。彼らに言わせると、「全然違うロジックで物事を考えていくということができた」ということになる。

また、彼らが部会長にすごく感謝しているのは、これまで農政にはメディアが全然注目してこなかったのに、部会長が就任してからはムチャクチャ注目されて、時々、新聞の一面に載る。これでやる気が出た。正直大変な部会長なんだけど、その分やり甲斐があるということは異口同音にみんな言ってくる。

小泉　ありがとうございます。彼らとは立場を超えてずっとつながっていると思うな。僕は乱暴なぐらいシンプルな、高い球を投げるときがあるんです。それをどこまで受け止めて答えを出してこれるのか。彼らに役所の相場観を超えてほしいときに、乱暴なことだとわかっていても言うときが結構ありましたね。その中にこもっているメッセージをわかってほしいということ。そこを必死で考えてくれる仲間たちでしたね。

僕が農林部会長になった直後に一番印象的だったのは、TPP対策のとりまとめのタイトルを「農政新時代」にしたときのことです。ひと悶着あったんですよ。実は、その前は「農業新時代」だったんです。すると、農業新時代だったら、林業も水産業も入ってないじゃないかというふうにまず噛みつかれ、加えて新時代という言葉に噛みつかれた。「新時代という言葉を使ったら、まるで今までやってきた農家に対して、もうあなた方の時代は終わったんだと宣告しているみたいに捉えられるから、新時代はダメだ」と。これには正直びっくりしましたね。林業と水産業がないじゃないかというのはまだわかる。しかし、

「新時代」がダメかと。この世界ってそういう世界なんだ……。最終的には新時代は残してくれましたが、そんなことがありました。

《参考資料》

農林水産分野におけるTPP対策
【農政新時代】～努力が報われる農林水産業の実現に向けて～
平成27年11月17日　自由民主党　農林水産戦略調査会　農林部会

国民の皆さんへ
今日、日本の食が、国内外で高い評価を得ています。和食は世界遺産となり、ミラノ万博では連日日本の食を求め、多くの人が行列をつくり、日本にやってくる多くの外国人観光客も日本の食を楽しみの一つにしています。
私たち日本人の日々の生活においても、青果・精肉・鮮魚店、コンビニやスーパーでは毎日バラエティに富んだ食材・商品があふれ、多様な飲食店がまちを彩り、全国各地に展開する道の駅では、地元の新鮮な農林水産物が賑わいの源になっています。

この豊かな日本の食を創り出しているのが現場の生産者です。そして、生産者の方々が営々と続けてきた農林水産業が、中山間地域を含む美しく活力ある地域を創り上げてきました。これらの地域をこれからも守っていかなければいけません。

TPP大筋合意を受け、いま、日本の農政は【農政新時代】とも言うべき新たなステージを迎えています。生産者の持つ可能性と潜在力をいかんなく発揮できる環境を整えることで、次の世代に対しても日本の豊かな食や美しく活力ある地域を引き渡していけると確信しています。

今こそ我々政治の側が変わらなければなりません。この新しい時代に立ち向かおうとしている現場の生産者の努力や挑戦を皆さんとともに全力で支えます。

そして、消費者の皆さんの日々の選択こそが、生産者を支え、日本の食の未来を形づくる基礎になります。

今後は、農林水産業の持つ様々な価値や魅力、日本の食の潜在力や安定供給の重要性などに対する理解や信頼を高め、皆さんとともに【農政新時代】を日本の農林水産業の輝ける時代にしていく決意です。

第4章　全農改革をめぐる攻防

首相・安倍晋三に、小泉進次郎に対する評価を聞いたことがある。安倍は二〇一四年十二月、こう言っていた。

「彼は、将来の首相候補だと思う。聴衆の反応を受けとめて、そこで言葉を考えるんでしょうけど、自分の言葉に載せて聴衆に伝えるのがうまい。それは、オヤジさんと一緒ですよ。彼は、部会長をやってみるといい。部会長をやると、関係団体、役所と調整して党内をまとめる技術を覚えますから。私も、社会部会長を一年やりました」

小泉は二〇一五年十月に農林部会長に就任し、二〇一七年八月までの二年近く、安倍と同じように部会長を務めた。そして、小泉は部会長として全農改革案をまとめる過程で「関係団体、役所と調整して党内をまとめる技術」を磨いた。将来、小泉進次郎の政治家としての歩みを振り返るとき、農林部会長を務めたこの時期は、団体との駆け引き、党内をまとめる「政治技術」を学んだ時期と位置づけられるであろう。

小泉進次郎は二〇一六年が明けると、農林中金不要論をぶち上げる一方、肥料や農薬の価格が高く、農協によってまちまちであることをやり玉に挙げた。小泉が登場する以前の農林族は、農協および農業者の意見を吸い上げ、それを政治の場でいかに実現するかが主たる仕事だった。それをがらりと変えた。

肥料や農薬などの資材を農協に販売しているのは全国農業協同組合連合会（ＪＡ全農）だ。全農に抜本的な改革を迫る戦いの前哨戦は、年明けから始まっていた。そこで、小泉は全農の問題を白日の下にさらした。いきなり本丸を攻めるのではなく、問題点を明らかにすることによってまず、外堀を埋めた。

これによって、小泉は全農に本気度を伝え、小泉は何をするかわからないという恐怖心を植え付けた。小泉と全農のターニングポイントは九月五日だった。この日、小泉はＪＡ本部ビルを訪れ、ＪＡの首脳陣と会談した。会談が終わると、小泉は「とっさの判断」で首脳陣といっしょのぶら下がり記者会見を設定し、「全農改革含めて経済事業改革は必要だという認識を共有した」と発表した。「絶対に逃げられない合意を取る」ことによって、その後、反発が強まっても「だって九月五日にＪＡと共有してるんです」と言うことができた。

高めの要求を次々と突きつけ、相手が不安になったところでいっしょにやりましょうと言って、共同作業に引きずり込む。小泉は人気だけではない、策士としての顔をのぞかせるようになった。

この章のポイントの一つは、小泉と福田がメディアを中抜きして、直接、関係者と接触しようとしていることだ。福田が、「永田町で結論が出た資料をすぐに自分の選挙区の単協に送っている。本当は、大手町の全中から県協に、それから単協に行くはずなのにどっかで止まっている」と話した。すると、小泉がただちに反応し、「まったく同感ですね。政策の流通経路を変えなきゃいけない。一つのケースを示したと思っているのはトランプ米大統領のツイッターで、これはメディアの中抜き」と指摘した。彼らは、メディア抜きで自分たちの考えを国民に伝えることを模索している。国会議員の意識の変化、それを可能にするインターネットの進化によって、私たちメディアにとっては、その役割を考え直さなければならない時代になった。

こっちは本気だぞ、と。農業の構造的なところに本気で踏み込まないといけないと思っているぞ、と。

――小泉さんは二〇一六年一月十三日、茨城県で肥料や農薬の流通現場を視察したあと、いきなり「農林中金は要らない」と発言されました。農林中金（農中）のお金のうち、農業の融資に回っているのはたった〇・一％だと言われた。これはある程度自分で考えを煮詰め、反応も計算してやられたわけですよね。

小泉　ええ。反応してほしいと思ってやりました。ほとんどの人は農林中金が農業分野には〇・一％ぐらいしか融資していない事実を知らない。もちろん細かいことを言えば、いろんな理屈はあるんです。農中が直接農家に融資できるわけがないとかね。ただ、そこを全部呑み込んで、何を一番伝えたかったかというと、農林中金もＪＡグループも、農業者のために何かやっているのかということでした。そのメッセージを、ハレーションがあっても伝えたかった。それとこっちは本気だぞ、と。農業の構造的なところに本気で踏み込まないといけないと思っているぞ、と。

――最初の爆弾ですね。

小泉　こっちの意志表明ですね。たぶん部会長として一番楽なのは、いろんな産地を回っていろんな農業団体と話して、あなたは勉強熱心ですねえとか言って、話をふんふん聞いて、農家の皆さんにいい顔して、農業団体とも飯食ってお酒飲んで、これで任期を全うすること。そういうスタイルで行くのか、それとも農林部会長になった以上、さあ、どこまで変えられるかに挑んでみたい、というスタンスで自分なりに任務を果たすのか。僕が最初にやったのは、任期を全うするなんて気はないんですよ、という意志表示です。

――農中というのは、比較的わかりやすいボールだった？

小泉　農中は約百兆円を扱っている金融機関です。今、一部の業界向けでそれだけの規模を持つ金融機関というのは他にない。しかも名前が農林中金ですよね。だけどやっていること見たら、農業のほうの融資は〇・一％じゃないですか。だったら農林という名前は要らないじゃないか、中央金庫でいいじゃないかとほんとに思ったんです。

仕組みとしてわかってないからそういうこと言うんだという批判もあるけど、こっちは仕組みをわかった上であえて言ったんです。結局、組合員がＪＡバンクにお金預けて、それがＪＡバンクから各都道府県の信連（信用農業協同組合連合会）に行って、信連が農中にお金を渡して、それがだいたい九十六兆円（二〇一五年三月期決算では総資産九十四兆五千五百億円）。その大部分を、外債を買ったり、機関投資家として世界で運用したりして、そこで上がった利益を赤字の農協に戻していくというビジネスモデルなんですよ。

だけどここで問いたかったのは、赤字になっても最後は農中が埋めてくれる、この構造でほんとに農業者のためになりますか、やはり現場に足を運んで販売に協力したり指導したりして、そこでしっかりと儲けることをしなければ、農業者の方も本気になりますか、と。そういうメッセージを込めているわけです。あなたのお店が赤字でも大丈夫です。ちゃんと本部があとで全部埋めますから。そんなことやっていて、一つ一つのフランチャイズは本気で儲けようと思いますか。これからは儲ける農業経営者をつくらなきゃいけない、その思いも込めたつもりなんです。

――あの発言にメディアは反応しましたが、自民党内はどうでしたか。

小泉　党内はなかったです。むしろ〇・一％なんていうことはないだろうっていう声が結構あって、そのあと資料を全部見せたんです。「こんなに低いんだ」っていう驚きの声のほうが圧倒的に多かった。それと意外だったのは、農中の真っ向からの批判がなかったことですね。

――発言から二週間後の一月二十六日、農中の河野良雄理事長が日経新聞のインタビュー記事で反応した。

小泉　あのとき、メッセージを送ってきたな、と思いました。これで会話ができるな、少なくとも変わろうとしているな、と思いました。

――そのあと肥料の価格とか農薬の価格を取り上げた。

小泉　そうです。農薬の価格で、同じ物でも値段が全然違っていることを、僕は単純におかしいと思ったわけです。なんで隣の農協が同じものでも安く売っているのに、そっちで買っちゃいけないの？　買えないまでも、どこでいくらで売っているか、農業者は知るべきだよね、と。これも要は本気度ですよね。こっちは真剣にやっているんですよという。

――確かに、農協で買うよりもホームセンターで買ったほうが安いっていう現象が、全国いたるところで起こっている。これで通用していることが不思議議でした。

小泉　かつては選択肢がなかった。だから買わざるを得なかった。ところが、ホームセンターができて、安く買えるところが出てきた。だけどそもそも、農協が持っている全国のネットワークと組合員の数からすれば、大量に仕入れて安く売ることができて当たり前なんです。その規模はホームセンターの比じゃないですよ。ほんとうは、ホームセンターのほうが安いということ自体あり得ないわけです。だけど、みんなその構造は何なのかというところに切り込まなかった。それに切り込んだのがこの改革の意義です。

だから今、当たり前のように、うちの地元でも、「小泉さん、肥料下がったぞ、農薬下がったぞ」って農家から言われるんですよ。それでそのあとに、「今度は段ボールもよろしくな」って言われる。だから、「いや、そこは皆さんの仕事ですよ。高いものは高いってちゃんと言ってください」と言っている。だけど、こんな会話ができるようになったこと自体が、農家の皆さんの資材コストへの意識が高まったということです。コストに目が向くようになれば、より経営を考えますから。

――かなり衝撃的な数字でしたね。

小泉　そうですね。価格の違いに着目して、それをどう考えるのかということをＪＡグループにも受け止めてもらったから、彼らも本気になってくれました。資料を一般に出す、出さないという議論は農林部会の役員会でもあったんです。でも、「いろいろあると思いますけど、これは出させてもらいます」と言いました。

――農薬の価格差は農協と国内の他の量販店との間だけでなく、海外との間にもずいぶんあった。国内の比較は小泉さんが作って、韓国との比較は農水省が出してきたんですか。

小泉　そうです。あれは役所に正式に資料をつくってもらいました。こちらから指示を出して、徹底的にやってくれと。日本農業法人協会が韓国に視察に行ったのを受けて、農水省のクレジットで出せるような資料を資材ごとに全部揃えてくれと。役所の仕事は大変でしたよ、ほんとに。でもいい資料をつくってくれました。

——実際に韓国との間であんなに価格差があるなんて、まったく思いませんでした。

小泉　今までやってこなかったんです。比較も、日本の今の生産コストがどうなっているのかも。

——その年の夏の参院選で小泉さんは東北を中心にずいぶん応援に回った。反発はどうでしたか？

小泉　ありました。そもそも僕は農林部会長になる前、ずっとTPP賛成と言ってきました。そのことで、根っからもうダメだという農業者はいます。JAグループに厳しいことを言うから、その反発もある。農業のことなんかこれっぽっちもわからない若造が何言っているんだっていう反発も感情的にあったでしょう。小泉という名前を聞くだけで嫌だ、というアンチ小泉みたいな方もいます。僕を新自由主義的なイメージで見ている。

僕が農業者と相性が悪いというのは、日本農業新聞を読んでいるとよくわかるんです。あの新聞は、反グローバリズム、反資本主義、反規制改革。僕はこれとまったく親和性がないんですよ。多くの農業者にとって農業に関する情報を発信している唯一とも言っていいメディアが日本農業新聞。だから、農業の世界での世論形成はものすごく大変です。これは農業界が抱える一つの構造的な課題だと思いますね。多角的な観点から情報提供するメディアが少ない。

――テレビは取り上げないし、一般紙もそうです。

小泉　一番びっくりしたのは、TPP合意後に、日本農業新聞が、同紙の「農政モニター」千六十人を対象に世論調査をやるんですよ。十月二十八日の紙面に掲載された記事によると、安倍内閣の支持率がなんと一八％だった。不支持は五九％。そんな調査結果を一面でドーンと出してくる。そうやって空気をつくるんです。

安倍首相と私は日本農業新聞から「列島を進撃中のシン・ゴジラ」にたとえられていた。シン・ゴジラのシンは進次郎の「進」と、安倍晋三の「晋」。朝日の一面の下の「天声人語」みたいなコラムが日本農業新聞にもあるんですけど、あんなに僕の名前を書いてくれる新聞はないぐらいすごいですよ。その中でどうやったら伝えたいことが多くの農業者にマスに伝わるのかというのは、ほんとに苦労します。これはこれからも最大の課題の一つに置いていいと思います。

《参考資料・二〇一六年九月二十二日付日本農業新聞一面》

ゴジラが日本を席巻している。特撮怪獣映画「シン・ゴジラ」が大ヒットし、快シン撃中だ。7月末の公開だが、今も客足が絶えない。祝日のきょうも大入りだろう。観客の年齢層が幅広く、老いも若きもスクリーンに見入っている▼(中略)▼庵野秀明監督がタイトルの「シン」に込めたのは「新」「真」「神」「侵」「震」のいずれだったのか。さて見渡せば国会にもいるいる。シン自由主義を振りかざしTPP承認へとまい進する「晋ゴジラ」、農業・農協改革に突き進む「進ゴジラ」。こちらも威力を増し列島を進撃中である。

これからの農業人材は経営感覚に溢れた経営者として育成しなければいけない。これはすごく大きく、今でもずっとこだわり続けているところです。

――全農改革は小泉さんにとって初めての政治闘争だったと思います。しかも農協は日本最大の圧力団体です。それをバックにした農林族という自民党で最も強力な族議員の中で初めての政治闘争に臨まれた。

ここから全農改革の中身に入りますが、最初に福田さんに問題の構造について明らかにしてもらいたいと思います。まず、全農と全中の違いから説明していただけませんか。

福田　小泉改革の根本から言うと、単協のことからお話しした方がいいでしょう。単協、つまり単位農協は、だいたい市町村レベルで農業者が組合員になってつくっている組合です。各市町村単位だと小さすぎるので、その上に県の組織がある。群馬の場合はＪＡ群馬というかたちになる。さらに全国組織として「全中」、全国農業協同組合中央会がある。

農業は地域によって全然状況が違うので、単協レベルで千差万別の地域農業を考えていただくのが一番大切なことです。それで、農業者にもっとも近い単協に仕事をしていただけるように、齋藤健前部会長のときに農協改革をやりました。

一方、農家の方が使う資材を農協に納入したり、作ったものを売ったりする仕事、いわゆる商社的な仕事をしているのが「全農」、全国農業協同組合連合会と言われる組織です。

これにプラスして、経済連、信連とかがあるんですけど、基本的にはまずこの二つの組織、全中と全農をわかっていただければいいと思います。ちなみに、この全農にも都道府県ごとに組織がある。

小泉　補足すると、齋藤部会長のときに焦点になったのが全中、私のときが全農。それがわかりやすい比較だと思います。全農がなぜ改革の焦点になったのか。存在感をわかりやすく言うと、一般の三菱商事、伊藤忠商事、三井物産、住友商事、丸紅、双日という総合商社の規模と比べると、販売額は伊藤忠と同じぐらい。職員数は三菱商事が約五千人、全農は約八千人と、それだけでかい。

――全中と全農には上下関係があるんですか。それともまったく独立した組織なんですか。

小泉　全国連合会と称する組織が五つ、ＪＡグループにはあって、代表的なのは全中、全農、農林中金、共済連、そして全厚連。通称、五連と言われています。この五つの連合会の中で全中が統括事務局的組織だというのが僕の認識です。たとえばＪＡグループを代表して政治に対して要望書とか意見書とかをぶつける主体は全中。ただ、全中にはお金がない。お金で大きいのは現物でモノを扱っている全農なんです。そして農林中金です。

――政治部門である「農政連」（農業者農政運動組織連盟）と、全中との関係はどうなんですか。

福田　看板の掛け替えです。群馬で言えば、ＪＡ群馬の人たちが興農政治連盟という名前になって政治活動する。まったく同じ人がやっている。

――われわれは農協がどこにあるかは知っていますけど、全農には馴染みがない。

小泉　ないですね。農業者でもそうですよ。農業者も全農と直接的にはそんなに関係ない。ただ、自分のところの単協は全農からモノを買っている。

――小泉さんは参院選後の七月二十六日、全農の中野吉實会長と佐賀市内の農家などを視察後、記者団に「全農改革が今後の本丸になる」と語って、ズバッと切り込んだ。本丸は全農という意識になった理由は何ですか？

小泉　二〇一五年十一月のＴＰＰ対策とりまとめのときに、当面のＴＰＰ対策だけではなく、根本的な課題に手を付けよう、農家一人ひとりでは解決できない問題に政治は取り組まなければいけないと思いました。その一つが資材の問題だった。農業の世界でコスト意識をどこまでしっかりと育て、内在化していくか。これからの農業人材は経営感覚に溢れた経営者として育成しなければいけない。これはすごく大きく、今でもずっとこだわり続けているところです。

資材の問題に取り組むとなったら、誰がやったって行き着くところは全農なんです。農家の皆さんが使う肥料・農薬・段ボール・農業機械などを農協に売っているのは全農であり、農家の皆さんが作った野菜・果物を販売しているのも全農。そして日本の畜産・酪農に必要なエサをアメリカなど海外から輸入しているのが全農であり、海外にレストランなどを展開して、日本のモノを海外でＰＲするのも全農。これから海外への日本の農産物の輸出を手掛けていくのも全農。逆に全農に触れずして農業改革を語るほうが難しい。

――そこまでかみ砕いていただくとわかりやすいですね。農林部会長になられたときから勉強を重ね、根本は全農だと思われるようになられたということですね。

小泉　そうですね。ありがたかったのは、ＪＡグループ側にもその認識はあったんです。齋藤部会長時代に農協改革に一区切りがつき、これからは全農だぞという、ある程度の認識はあった。だけど全農ということをあまり言うと、ＪＡグループ内でいろいろあるから、全農改革といわずに、経済事業改革という言葉を使っていたんです。

当時の奥野長衛《ちょうえ》全中会長の発言を紐解いてみれば一目瞭然ですけど、「経済事業改革は不可欠である」と一貫して言っている。僕はそのときに「経済事業改革は必要だ」と言ったり、ときに「全農改革だ」と言ったり、そこは出し入れをやっていましたけど、その認識を共有したところは大きかったですね。農家の稼ぎと直結しますから。

――全中のほうも全農には容易に触れられないという雰囲気だったんですか。

小泉　全中と全農では意思決定のあり方が違うんですよ。最もわかりやすい一つの例は、全中というのは会長選挙がある。全農はない。全農は、理事会の中での互選なんです。だから奥野さんが大番狂わせで全中会長に当選したというのが当時、大ニュースでしたけど、あれは選挙があるから番狂わせが起きるわけで、全農にはないんです。

――じゃあ、マイナス面としては、全農は組織として合理化されていかない、お互いなあなあで済んでしまう。そういうところが全農の体質として残ってしまうんですね。

小泉　全農は会長の意思決定が中で覆ることがあるんです。会長の意向が通らない。全農は理事会の他に経営管理委員会というのがあって、そこで声の大きい人が発言すると、人事のことまで覆るみたいなことがある。組織のガバナンスという点が、全中、全農ですごく違うところですね。

特に、すぐ切っちゃう人だから、部会長は（笑）。
だからあのとき僕、
「部会長、それやっちゃダメですよ」って言ったでしょ。

福田　全農には外からのチェックが入りにくいんだと思います。株式会社も選挙で社長が選ばれるのではなく、役員会で決まる。互選なんです。なんですが、最終的には「利益」というものが出てくるし、それを厳しく株主からチェックされるという、外からのガバナンスが働く。だからやはり、利益を生む人を選ばなきゃね、という規律が民間企業には働く。

一方、ＪＡグループは基本的には組合員が自分たちでガバナンスをしているんです。ところが、組織の長と、とにかくモノをつくることを一所懸命やっている一般の組合員でガバナンスができるかというと、なかなか難しい。外からのチェックが働かない。選挙で、つまりガチンコで選ばない限り、やはり右顧左眄しなきゃいけないし、バランスを考えなければいけなくなってしまう。

だから僕は、全農に厳しいことを言っても、「これ難しいだろうな」と思ってしまう。会社は一応一つの組織です。ところが全農は、全国組織の下に各県の組織がぶら下がっている。ぶら下がっているというよりも、宙ぶらりんなかたちでつながっているだけなんです。全農がヘッドクォーターではない。人事評価も全農の人たちが全部やっているわけじゃないから、結局、全農の人たちに従う理由はあまりないんですね。そんなもん知るかよ、俺たちは俺たちでやるんだっていうふうに撥《は》ねられちゃったら、そこでおしまい。
全農改革の議論の過程で手数料問題があった。手数料とは簡単に言うと、このお茶を買ってきて利益分乗っけて誰かに売りますという話です。この商売は、われわれがいた商社では九〇年代半ばに「もうこれでは儲けられない」と言われたモデルなんです。だけど相変わらず全農は「手数料商売をしなかったら、自分たちの職員を食わせられません」と言っていました。まずこれが間違っているんです。

――手数料ビジネスはなぜダメなんですか。

福田　三菱商事はその当時、十三兆円の売上高なのにもかかわらず、利益が数百億円しかないという、メチャクチャ利益率の低い会社だった。取引の際の手数料を何円じゃなくて「〇・三銭ください」みたいな話だったんです。まあ一括だから積算すると結構な額になるんですけど、そんなことに注力するのはもうやめて、新しいかたちにしようよ、となった。たとえば農業の関係だと、三菱商事はまず、小麦を輸入して稼ぐ。次に、小麦の製粉工場を何社か買って集約して、生産性が高い小麦の製粉工場をつくり、輸入小麦をその工場で製粉して稼ぐ。製粉したものを製パン業者に売って稼ぐ。その製パン業者が作ったパンを子会社のコンビニで売って、もういっぺん稼ぐ。「商流」全体で稼げば、輸入、製粉、製パン、販売と、四回稼げる上に、お客さんをつかめる。小麦の輸入をやっても出口があるわけです。お客さんがしっかり確保できていれば、利益率も確保できる。事業投資をやって、儲かる商流全部を買ってしまう。こういう事業投資会社に転換したのが九〇年代後半でした。

今、消費者は選択の自由がありすぎて、実は何を選んでいいのかわからない。たとえば「文藝春秋」という名前が付いている本を読むのは、これは安心だよねっていう安心感の下で、消費者は買いたいんですね。卸に対して消費者はまだまだついてきてくれるので、そういうものになっていきましょうよ、というふうに転換するんです、簡単に言えば。

二番目の問題として、指揮命令系統が通っていない組織で、会長が、「わかりました、手数料やめます」と言ったら何が起きるか。各県の組織が会長を放逐するだけなんです。

俺の組織のこと守ってくれない奴の言うことを聞けるかよ、って話になる。このへんの押し引きが闘いの一番難しいところです。部会長は、「そんな古いビジネスモデルは捨てて、自分たちの知恵を使って、『モノを売る』というところに注力してくださいよ」とずっと言ってるわけなんだけれども、相変わらず、「手数料取引をやらなかったら、飯を食わせられません」と言っている。その人に対してあまり押し込んで、結果、話をしている相手が失脚してしまってはどうしようもない。その人がちゃんと自分たちの各県組織にまでガバナンスを持って、そんな古いことはいずれやめさせる、というところに落とし込まないといけないというのが、実は今回一番難しいところでした。特に、すぐ切っちゃう人だから、部会長は（笑）。だからあのとき僕、「部会長、それやっちゃダメですよ」って言ったでしょ。

小泉　神出元一全農専務（現理事長）のこと？

福田　手数料問題のとき、神出さんが、「手数料商売は捨てられない」と言ったのに、部会長がカチーンと来て、終わったときに挨拶で、「手数料なんて話聞きたくないよ。まったく変わってないじゃないですか」と言って、神出さんがちょっと色めき立ったことがあった。わかってもらうためにはガツンと言わなきゃいけないんだけども、ガツンと言った結果、目の前の人たちがわかっても、その先に八千人がいるわけで、全農の各県の方々にまでちゃんと伝わらなきゃいけないところが、すごく難しい。

大手町のＪＡの方々と永田町の政治家が合意したことが、単協、あるいは県中に届いていないということがよくあるんです。だから、永田町では政治的にもう撃ち方やめになっているにもかかわらず、相変わらず地方では弾がこっちに飛んで来る。結局、三層構造になっていて話が非常に通りにくい。

——三層構造というのは？

福田　全国組織があって都道府県組織があって、単協の組合員がいるということ。われわれが一番役に立ちたい方は農業者です。別に農協が農産物をつくるわけじゃない。農業者がつくるんで、この方々が一番仕事がしやすいかたちにしたい。だけどすべての人と直接話ができるわけではないから、全中と話をするんですが、全中が、政治家と合意したことを事細かに農業者に説得してくれるかというと、そうでもない。

それと同じことが全農でも起きて、小泉部会長が言ったこと、農水省が言ったことを中野会長や神出専務が、「わかりました、やります」と言った上で、八千人の全農職員を説得してくれればいいんだけど、そこまでやってくれない。全農は少し違いますもんね。

中間の組織が昔に比べて機能しなくなっている。永田町や霞が関はまじめに仕事しているんだけど、デリバリーの部分が傷んでいるという実感です。

小泉　おもしろいのは、単協という現場にいる農家や農協職員と、五連などの全国組織はほんとに一つにはなっていないこと。痛感するエピソードは、僕が農協と向き合って、「農業改革のためには農協の皆さんにも変わってもらわなきゃいけないことがあるよ」と言うと、まずJAグループがやることは、僕を黙らせるために地元の農協を使う。農協の組合員に組合長に手紙を書かせたり、電話をさせたりする。それで組合長が僕に連絡して、会いたいって言ってきて、プレッシャーをかけてくるわけです。でも、そのたびに僕が説明をすると、「へえー、そうだったんだ。それは知らなかった」という反応ばっかりですよ。みんな「納得して帰っちゃいけないんだけど、頑張ってね」みたいなかたちで（笑）。だから基本的に農協の現場の人たちも全国連合会のことなんて知らない。

二〇一五年秋、全国をキャラバンで回って、各ブロックで農協の方々にお集まりいただいて意見交換会をやった。手を挙げていろんなことを聞いてくるのですが、ＴＰＰの中身すら知らないで発言している組合長、組合員がものすごく多い。ＴＰＰはよく黒塗りって言われましたね。野党がのり弁とか、黒塗りの資料だと言って追及した。あれがすごく浸透しているんです。だから僕はＴＰＰのことで、「何も開示されていない、何もわからないじゃないか」と言われたら、最初に、「あ、そうですか。じゃ、ちょっと聞きたいんですけど、何がわからないと思っていますか？　何が黒塗りだと思ってるんですか」って聞くんです。「え？　そんなこと、ＴＰＰの結果だよ。何も答えないじゃないか」って言うから、「結果は全部開示されています。黒塗りなのは交渉の途中でどこの国の誰々という交渉官が何を言って、日本の交渉官が何を言ったとか、そういうことです。そんなこと出せますか。こんなのどこの党が交渉をやったって出せっこないじゃないですか。そこが黒塗りで、結果は全部開示です。知ってましたか」と言うと、黙るケースばっかりだったね。

福田　ＴＰＰ対策を党でまとめた、イコール政府のまとめになるんですけれども、その中身を皆さん知らないんですよ。だからわれわれからすると、農協の皆さんには、「こんなものが取れましたよ、われわれの運動の成果で」と組合員に説明してほしいんだけど、必ずしもしてもらえていない。「対策はまだ？」と聞かれて、「もうまとめていますよ」って言うと、「え？　そうなの？」と言われる。

――それは日本農業新聞が伝えてないのか、読んですらいないのか、どっちなんですかね。

小泉　僕はこの前地元の農協との意見交換会で、集まってくれた約二百人から三百人に、「日本農業新聞読んでる人、何人ぐらいいますか」って手を挙げてもらったら、半分行くか行かないかぐらいですよ。あ、これぐらいなんだって、僕は意外だった。

福田　組合なんだから、農協が説明してくれればいいと僕は思う。僕は、永田町で結論が出た資料をすぐに自分の選挙区の単協に送っている。本当は大手町の全中などから県協に、それから単協に行くはずなのに、どっかで止まっている。僕はその日のうちにPDFで送って、「何か知りたいこと、疑問点があったら言ってください。全部お答えします」とやっていると、「こんな情報、見たことない」と言われます。

実はこれ、農政だけじゃなくて中小企業もいっしょなんです。中間の組織が昔に比べて機能しなくなっている。永田町や霞が関はまじめに仕事しているんだけど、デリバリーの部分が傷んでいるという実感です。

小泉　まったく同感ですね。僕も今、達夫さんが言ったのと共通の問題意識を持っている。政策の流通経路をこれから変えなきゃいけない。情報の流れです。僕がこの点で一つのケースを示したと思っているのが、トランプ米大統領のツイッターなんです。トランプのツイッターはメディアの中抜きだと思っているんです。

今まではホワイトハウスがプレスリリースを作って流し、プレスから国民へというかたちだった。今はツイッターでトランプが言ったことが、直にスマホを持っている人の手の中に行って、そしてそのツイッターが更新されたということをNHK含めて他の民放も、「ただいま、トランプ大統領がツイッターを更新して、こういったことがありました」と報道している。完全に順番が変わり、一回、国民の手元に行ったものが報道機関を通じてまた国民に戻っている。僕はこれを農政でもやろうと思ってるんです。

今、農業女子プロジェクトというのがあって、参加して登録している日本全国の農業者、農業女子が約五百六十人（注・現在は六百二十人）いる。その五百六十人には農水省から毎週直接メールを届けているんです。新しい施策とか、研究所の最新の研究開発とかの情報も届けている。まさに一人ひとりの農家に直なんです。

これを女子に限らず、全体に広げるべきだということで、最近になって始めたのが農水省のフェイスブックで部局横断の事業、補助金も含めて発信していくことです。それをフォローしてもらえば、農協に近いとか遠いとか、農協の覚えがいいか悪いかによって農業者が知る施策の情報の量に差が出るようなことがなくなる。一人ひとりに直に届けていくこの「中抜き」をほんとに真剣に考えたほうがいい。それをできるようにしたのが、第四次産業革命のスマホの登場なんですよね。

これは商工会議所を含めて、産業界の中でも広がると思っていて、どこか一つの場所に行くよりも、町工場にいる経営者に直にメールが来て、経産省、中小企業庁はこういうことやっているんだということが伝わる。あなたに合わせてカスタマイズされた、あなたにお薦めの情報です、というものが届く。僕はこういう将来を頭の中で描いている。それを、まず農業からやろうと。

福田　卸売の話ですが、二十年前、一次卸、二次卸とあって三次卸ぐらいがあってゴールインした。じゃ、一次、二次、三次が要る理由ってあるの？　っていうと、実はなかった。一次と三次が抜かれて二次だけ残ったというプロセスが商流の世界ではもう二十年前に起こった。インターネットができてＩＴ化が進んだ結果、今、皆さんだってスマホでモノを買っている。それが政策の世界でも、報道の世界でも起きている。メディアも情報卸、媒体なので。

ということは、ただ単に同じことが起きているだけなんです。ただ政治の世界だけは政治そのものが遅れていたので、導入が遅れた。あと政治家が、「農業者にＩＴなんて使えるわけがない」と言ってこばんだ。農業の世界はあまりにも改善されていないものだから、ちょっと改善すると生産性がメチャクチャ上がる。たとえばＩＴ化とかＡＩ化とかロボット化を実装させれば、もっと楽に同じ結果は出せる。今までの方は、「おまえな、モノつくるというのは機械じゃできねえんだよ」というひと言でダメにしちゃう。それを団体の方がわれわれに伝えて、「やっぱり無理なんですよ」って話ができてしまっている。

しかし、キャラバンの一回目を群馬県でやったときに、こんなことがあった。十人ぐらいの農業女子、彼女らは、「だって作ったって売れなきゃしょうがないじゃない。儲からなきゃしょうがないから、原価計算するのは当たり前でしょ」って言う。小泉部会長がそういう農業女子に情報発信して、すでに新しい流れができちゃったので、じわじわ実態の変化を起こしていると思います。

――そういう意識転換が全農にできますかね。

福田　八千人からのヒトがいて、すごい資金量を持って、日本全国に情報ネットワークを持っている。だから、やる気になってくれればやれるだろうと思います。ただ、さっき言ったようにばらばらの組織で、一般の企業みたいに一つの組織じゃありません。人事評価システムもばらばら、しかも地理的にも離れている。それを、全部意識を整えて同じ方向にというのは大変だろうなあと、同情はしています。

小泉　全農改革の一番わかりやすい方向性は、農家に資材を売るという事業部門はスリムでシンプルな組織にして、農家の皆さんがつくったものを売るという販売のほうに注力していくという組織のあり方に変わっていくということ。そのために、役員、職員の意識改革、配置転換、それと外部人材の登用は必須です。中の人だけじゃダメ。

それを二〇一六年十一月二十五日、自民党の農林関係会議でまとめた「農林水産業骨太方針」に入れることに最後までこだわった。これからの組織のあり方を考えたら、そこまで踏み込まなきゃダメだと。だけど最後までその文言を入れないと言ってきたのは全農だった。

最後、そこのやりとりが一番激しかった。ほんとにぎりぎりのところまで議論した。骨太方針を見てもらえばわかるとおり、そこをちゃんと押し込んで、そして特にこだわった外部人材の登用というのは二回文字として入れて、今まさに全農の中ではこの言葉をどうやってかたちにしていくかを検討している。まず、元イトーヨーカ堂社長の戸井和久さんが全農に入った。

――全農改革実現のため、どんな作戦を立てられたんですか。

小泉　ターニングポイントで重要だったのは二〇一六年九月五日ですね。九月六日に骨太方針策定プロジェクトチームを再開するんですが、キーはその前日なんですよ。ＪＡグループの本部ビルに行って、そこで全中の奥野会長ら五連のトップの皆さんとお会いした。そして、面談が終わった後に、全員揃ってぶら下がり記者会見をやったんです。五連のトップ全員とマスコミの皆さんの前に出た。

これは、実は当初の予定をその場で変えたんです。最初は僕と奥野さんだけの予定でしたが、面談が思ったよりもいい雰囲気だったので、こちらから、「いろいろ思うところはあるとは思いますが、全体の方向性として全農改革含めて経済事業改革は必要だという認識を共有できますよね」と。「それはそのとおりだ」と言うので、「わかりました。それで結構です。じゃあ、皆さんでマスコミの前に出ましょう。それでお一人お一人から、今話の中で同じ思いを持ったということを言っていただくのが一番いい。だから全員で行きましょう」と申し上げた。

とっさの判断でした。三十五階で会ったあとに三階に下りて、そこで全員揃って記者の皆さんの前に出た。決裂を予想していた記者の皆さんはみんなポカンとした表情でした。「どう報じたらいいんですか。なんなんですか」という感じ。もしあれがなければ、途中で全部が瓦解した。あそこで経済事業改革が必要だという、絶対に逃げられない合意を取ることができた。それが九月五日なんです。

――小泉さんはＪＡに行く前に、合意を取りつけるぞという考えで行かれたんですか。

小泉　僕はそのつもりでした。それで六日に奥野会長らが党本部に来られ、「昨日はこういうことで大きな方向性は共有した」と発言し、八日に奥野会長が記者会見で改革の第一弾を発表したんですよ。そのあと党の中でいろんな批判、抵抗があっても、最後にすがる、これ以上は引き下がれないし、引き下がる必要はないピン止めができた。「だって九月五日にＪＡと共有してるんです」と。そこを最後まで言い続けましたね。これはもう決定的に重要でした。

――ＪＡ側はそこまで深い意味ととらえていたんですか。

小泉　とらえてないと思います。ほんとにいったい何しに本部に来るんだと思っていたと思います。僕も事前にそういうこと言わなかったから。

――向こうにすれば意外な展開で、あとで小泉さんの術中にはまったと気付いたんですかね。

小泉　それはわからないけど、なんかその場ではすごくホッとされたらしいです。ガンガン言われると思ったらしいんです。

――農林中金不要論とか、資材価格の問題とかを取り上げたことによって、小泉さんは何をやるかわからないというイメージを与えるのに成功したということですか。

小泉　つまりずうっと高い球を投げている中で、最後通牒を突きつけに来たのかと思われたらしい。はい、全面戦争ですと。でもそうじゃないよ、と。むしろここは共有できますよねと。じゃあ、ここからはもう逃げないでください。そういう流れです。

西川先生は、「あの人は聞き分けがいいねって、言われることはダメなんだ」って言う。聞いてしまったら負けなんだ。

僕は、殴ったならば、もういっぺん殴れって言われました（笑）。殴って安心しちゃいけない。もういっぺん殴れ！

――交渉術としては非常に長けていますね。厳しく見せて、ストーンと落とした。

小泉　言い続けることも結構苦しかったりするんですよ。ずうっと高いところで呼吸していると酸素が薄くなる。だけどそれをやらないと、必ずどこかで中途半端な妥協案が出される。常にまだまだと言い続けて、聞かないことに徹するという時期が必要で、実はそれを教えてくれたのは西川先生だった。

――長老格の西川公也さんに？

小泉　そう、西川先生は、「あの人は聞き分けがいいねって、言われることはダメなんだ」って言う。聞いてしまったら負けなんだ。達夫さんもわかるでしょ（笑）。

福田　僕は、殴ったならば、もういっぺん殴れって言われました（笑）。殴って安心しちゃいけない。もういっぺん殴れ！

小泉　普通は一発殴って、すいませんって言われたら、抱きしめるんだと。そこでもう一発だ。先輩からはいろいろ勉強させてもらいますよ。

――交渉術ですよね。

小泉　これは一般的な社会の基本としてはどうかと思うけど、政治というのはそれぐらい生易しい世界じゃないし、ほんとに理屈だけじゃ通らない。

――どんどん押してって、相手がもう勘弁してくださいと言ってももう一回押す。そこで泣きが入ったらパッと引く感じですね。田中派の分裂騒動のとき、竹下登さんに付いてこない人たちを説得するのに、梶山静六元官房長官が言われていた手法と同じです。「押して押して、もう一回押して、そこで引いてみろ」と話されていました。

小泉　ケースバイケースですけど、それが功を奏すときもあれば、逆にほんとに逃げちゃうことも十分あるので、どこまで行くかという判断もすごく難しいんです。

農業改革は、もともとの自民党の支持母体の農協と向き合っている。それをやり続けるというのは、自民党の矜持であって、民主党、今の民進党にはないことです。彼らは自分の支持母体に切り込めない。

――最も重要な局面が二〇一六年十一月十一日、規制改革推進会議がものすごく高い要求を打ち出したことを契機に始まったわけですね。規制改革推進会議の案について小泉さんは高めのボールを投げられたとぼやいていましたが、そういう案が出てくることを知っていたんでしょ？

小泉　まあ、それはまったく知らないわけはないですよね。

――その前の九月十二日、安倍首相が規制改革推進会議で、「全農のあり方を予断なく見直す」と言われました。小泉さんは官邸サイドと常に連絡取りながらやっていたんですか。

小泉　もちろん、その状況は官邸に入れていました。今回みたいに大きな政治闘争の局面でほんとに痛感したのは、官邸のバックアップがなかったら何もできないということです。最後まで官邸が逃げないという意思、ここの揺るぎなさが党内、担当省庁、それと抵抗している側のすべてで共有されていることが改革の大きな推進力でした。

――十月十七日の衆院ＴＰＰ協定特別委員会で、小泉さんが安倍首相に質問した。首相は「小泉部会長には大いに期待をしておりますから、ぜひ頑張っていただきたい」「時代の要請に応えて、全農も新たな組織に生まれ変わるつもりで頑張っていただきたい」と答えている。

小泉　質問はあの答弁を引き出すのが最大の狙いです。総理の口から言ってほしかった。

――首相は一九九三年に初当選されたころを振り返り、「私の地元は農村地帯。農林部会にもしょっちゅう顔を出していた。農林部会の主なテーマは、農業をいかに守っていくか。ずいぶん頑張りましたよ。一生懸命頑張ってきた結果が、小泉さんが御紹介されたように、平均年齢は六十六歳を超えているという状況になってきてしまった。農家の収入も全体で減ってきている」と話された。自省していて説得力がありました。

小泉　ジャーナリズムの世界もあまり書いていませんが、歴代政権の中で安倍政権ほど農業改革に一貫した関心を持ち続けている政権はないんじゃないですか。これは安倍首相だけでなく、菅義偉官房長官もそうです。官房長官はイチゴ農家の息子ということもあって、お父さんと農協の関係を含めていろいろな思いがあるんですよ。

官邸のツートップが「行け！」と。これは強烈ですよ。これほど一つのテーマに、継続的にエネルギーを使い続けている政権はないと思います。しかも、農業改革は、もともとの自民党の支持母体の農協と向き合っている。それをやり続けるというのは、自民党の矜持であって、民主党、今の民進党にはないことです。彼らは自分の支持母体に切り込めない。日本にとって必要だと思ったならば、そこに今まで支えてきてくれた支持母体がいたとしても説得し、ときには説得しきれなくても、日本のためには前に行くしかないんだということをやるんです。

――規制改革推進会議の話に戻りますけれども、あの会議の方針が示されたのを受けて、まず全中で会長の奥野さんが批判にさらされましたね。全中は小泉さんといっしょにあまり大衆運動、集会を開かないでやってきたのにここでハネました。

小泉　レッドラインを越えたんだなと思いました。それは全中が、というよりも、抵抗勢力、もしくは反奥野っていう感じかな。だから、あれはやらざるを得なかった。じゃないと鎮まらなかった。私たちは団体が批判することも理解しなければいけない。ただ、予想以上ではありましたね。あれだけ噴くとは思わなかった。ここでも日本農業新聞が狼煙のような役割を果たすんですよ。

――「行け！　ここへ集まれ！」みたいな？

小泉　そう。日に日にその熱を上げるわけです。農業分野の人は日本農業新聞をすごく気にするんですよ。それで十日後に、緊急集会を開いて一気に千五百人集めた、あの動員力。後日の話になるけど、「これから国際認証が大事です。GAP（農業生産工程管理）を取りましょう。さあ、大号令かけてやりましょう」と言うと、その十分の一の百五十人しか集まらない。前向きな取り組みに対するエネルギーと抵抗運動にかけるエネルギーは、圧倒的に違うんですよね。

彼らは今までの成功体験で、政治は突き上げれば動くと思っている。まさに米価がそうだった。米が安すぎると、上げろと。政治がそれを受けて米の価格を上げてきた。この体験がずっとある。この部分がもう一度頭をもたげてきたなというふうに僕は見てましたね。

――全中に火が点く中で十一月十五日に西川さんといっしょに安倍首相に面会されていますす。首相が「頑張ってやってほしい」と言ったという話しか報道されていませんが、本当はどんな話がありましたか。

小泉　首相は非常に淡々とされていた。達観、もしくは俯瞰しているのかな、という感じでしたね。僕はそのとき、日本農業新聞を持っていったんです。「最近の日本農業新聞はこういう状況です」と申し上げると、「ああ、すごいねえ。あ、こんな感じなの？」。そして、「相当噴いてます。党内も今血気盛んな状況です。そういったことを踏まえてしっかりまとめていきます」と報告しました。

――これは首相も小泉さんを支持しているということを外に見せる効果を狙ったのですか。

小泉　官邸の意思のブレのなさを対外的に要所要所で示すことは大事なんでしょうね。

――安倍一強体制というのが流行語になっていますが、安倍一強体制でしかできないこともあるんですよね。

小泉　それはもちろん。やっぱり大きな改革には官邸のリーダーシップが不可欠です。

第5章　全農改革で学んだこと

政治記者の駆け出しだったころ、先輩から「政局本記を書くには十年ぐらいの経験が必要だ」と聞いたことがある。政局本記とは、たとえば衆院解散・総選挙の時期がいつになるか、首相退陣を求める動きが出てきた場合、その動きが広がるのか沈静化するのか、そもそも首相は退陣するのか——などの動きを書く記事のことだ。

これらの記事を書くのは、自民党政権の場合、「平河クラブ」と呼ばれる自民党を担当する記者クラブのキャップだ。政局が激しく動いているとき、キャップの元には党役員や派閥を担当する記者から、情報があふれかえるほど寄せられてくる。発言している政治家の力、立ち位置、政治家が記者に本音を話しているかなどを計りながら、情報の精度、本筋は何なのかを判断しなければならない。正確な判断を下すには、政局が荒れる修羅場を何回経験したかがものを言う。

小泉進次郎にとって、全農改革は初めて経験する政局の修羅場だった。決着したと思ったのに、合意直前になって全国農業協同組合連合会（JA全農）会長・中野吉實が突然、「いやあ、今見ましたけど、これは受け入れられません」と言って反旗を翻した。ようやく合意しても、法律成立までにさまざまな揺り戻しが起きた。それを成し遂げるのに何が必要だったか。小泉は本人の情熱、仲間、そしてメディアを挙げた。

「この人とにかく熱いからな、ということで人は動くときがある」「最後まで担いでくれる仲間」「永田町と霞が関の論理では突破できないことを突破させてくれる最後の力は『世論』」。

こういうとき、メディアを挙げる政治家は珍しい。日本農業新聞という強力な業界紙が存在する分野で戦っているという理由だけではないだろう。選挙に立候補した時点から脚光を浴び続けているので、メディアの恐さ、そして強さも弱さも常に意識しているということだろう。記者の勉強不足が気にならないかと聞くと、「それを言っちゃったら終わりじゃないですか。そういうことを言うのを、メディアの方は待っている。言った途端、あいつは傲慢だ、不遜だって書き方をする」とさらりと答えた。そこに計算高さも感じた。だが、伝えられ方一つで、政治家の評価ががらりと変わってしまう時代の最先端を行っている政治家の宿命かもしれない。

政治を動かしているのは行き着くところ、人だ。人と人との協調と対立によって、政治は動いていく。小泉は修羅場を通じて、さまざまな人がいることを痛感した。

「こういう改革に挑んで、この人は頼れると思って最後まで本当に頼れる人、自分から支えますと言っているのに、最後は支えてくれない人、それと、はなからこの人は支えてくれないだろうなと思っていたら、実はすごく支えてくれた人——人間模様を全部見ましたよ」

小泉は全農改革を通じてさまざまな人の本性を見た。そして、「贈る言葉」の歌詞を口ずさんだ。

「信じられぬと　嘆くよりも　人を信じて　傷つくほうがいい」

信じられぬと　嘆くよりも
人を信じて　傷つくほうがいい。

——二〇一六年十一月二十一日に全中が緊急集会を開いたことによって、全農改革をめぐる攻防は一気に緊迫化しました。しかし、その三日後には合意に達している。その間、何があったんですか。

小泉　あの集会の前と後に、実はインナー（農林族幹部による非公開会合）をやっているんですよ。集会前に西川先生から、「集会で小泉部会長としっかり話をしてくれと言う」という説明があった。そこで西川先生に、「ということは僕と全農で直接やってもいいということですか。もしそうだったら、そういうふうに全農に下ろしてくれませんか」とお願いした。それで、「わかった。じゃあ、集会に行ってそう言ってくるよ。そう言っちゃえばいいだろ。小泉さんとやってくれって」「ありがたいです。そうすれば、僕と全農で直接やらせてもらいます」と話し合った。で、そうなったんですよ。そこから、僕と全農が具体的な文言を詰めるという最終局面のモードに入った。

——その全農のカウンターパートは神出元一専務ですね。

小泉　そうです。神出さんがメインで担当者が数人入って、最後の修正のときは農水省にも同席してもらった。神出さんとはそれまでずっと話していたんですよ。ただ、西川先生の発言を機に、僕と神出さんが文言をとりまとめる正式なチャンネルになった。

——小泉さんが僕たちと食事したのが二十四日でした。そのとき、「ドラマだった。最後どうなるかわからなかった。『贈る言葉』の心境だった」と話されていた。

小泉　二番の歌詞ね。「信じられぬと　嘆くよりも　人を信じて　傷つくほうがいい」。神出さんとは、これで信頼関係が切れちゃったかな、向こうはもう小泉のカウンターパートをやらないほうがいいと思っているんじゃないかな、と思った時期があったんですよ。こっちも正直言って、もう無理だと思った。でも、神出さん以外にいるのかと考えたら、いない。それで僕は神出さんに電話して、「もうあなたしかいないんです。今の僕の心境です。『贈る言葉』の二番にこういう歌詞がありますよ。だから最後までよろしく」と話した。

神出さんとの関係がこじれたのは、前に達夫さんが話した通りです。党本部での会合で、神出さんが、「手数料は職員たちを雇っている原資だから切れない」と発言したので、僕が一喝した。「違うじゃないか。農家の皆さんが儲かって、その上であるのが全農だ。全農の職員を雇うために農家があるわけじゃないんだよ」と言った。それがメディアにも出て象徴的だったから、神出さんも弱気になったんだね。

もうあなたとは話せない、と言わず、ぐっとこらえ、冷静になってよかったんだと、今でも思います。神出さんがいなかったらここまでまとまっていない。僕は感謝している。神出さんは組織の中でおそらく肩身が狭かったと思う。「なんでおまえは敵の小泉と仲良くなりやがって」と、そういう声もあったんじゃないかな。神出さんからメールが来て、落ち込んでいるのがよくわかった。それで考えて電話して話したんです。

そこで江藤先生が僕にひと言、「進次郎君な、思いはわかるぞ。だけど抑えろよ」と言ってくれた。今でも忘れないですね。

――全中が集会を開いた二十一日が月曜日で、二十三日は勤労感謝の日で休日。二十四日午前中に、小泉さんは菅官房長官に電話して、まとまりましたと報告している。でも、そのあと全農の中野会長がちゃぶ台返しをした。

小泉　最終的にまとまったのが二十三日深夜。二十四日は三番町にある農水省の建物に移動して、そこでJAグループと会って、最終的にこれで行くという話だった。もう全部、文言修正は終わっていた。文言修正で僕がこだわったのが、前に話した「最後の六行」。これだけは呑めないと全農は言い続けた。

――「最後の六行」というのは、要約すると、次の部分ですね。

「なお、全農は、自己改革を進めるため、役職員の意識改革、外部からの人材登用、組織体制の整備等を行う」

「また、全農の自己改革が、重大な危機感を持ち、新しい組織に生まれ変わるつもりで実行されるよう、全農は、年次計画やそれに含まれる数値目標を公表し、与党及び政府は、その進捗状況について、定期的なフォローアップを行う」

小泉　その通りです。この六行を落としたら、完全に骨抜きだと思っていた。だからこれは絶対落とせない。神出さんとやりとりをした中でも、その前のところで全農側の意見をかなり反映したから、「これだけは入れてくれ。いいですね」と念を押して、あちらも

「わかりました」と言って、それを全部農水省にも聞かせたわけです。

じゃ、これで行くよというかたちになっても、かれらが組織に持って帰ってから、「いや、やっぱりあれはなかなか」っていうことを言ってきたから、「ダメです。最終的にこれでセットだとなったんだから、もうこれ以上の修正はない」と言い続けて、「うーん、わかりました」となったわけです。

で、さあ、最後のとりまとめに行こうとしたら、全中の比嘉政浩専務が珍しく僕の携帯に電話してきた。どうしたんだろうと思ってとったら、比嘉さんがちょっと怒ったような口調で、「部会長、すいません。今、隣に中野会長がいるので代わります」と言って中野会長が出た。そうしたら、中野会長は、「いやあ、今見ましたけど、これは受け入れられません」と。「どこがですか」と聞いたら「全部です」と。

僕は、「何を言ってるんですか。これはすべておたくの組織が一任を与えた神出さんたちと合意したものです」と言いました。でも、中野会長は「いやいや、そう言われましてもね、私はさっき聞いたんです」と言うから、「それは全農の問題ですね」と言った。「それは組織の中の連携の話で、私の話ではありません。何があったかは知りませんが、これで神出さんと話はできています」と。それでも中野会長は「それは確かに全農の責任かもしれませんね。でもやっぱり認められませんね。これは無理ですわ」と言うから、「あ、そうですか。わかりました」と言って、そのまま電話を切った。その足で三番町に行って、西川先生らに実は今こういった状況ですと報告した。

他のＪＡグループの皆さんも参っていましたね。後日いろいろ話を聞くと、中で相当あったんですよ、あっちはあっちで。ちゃぶ台返しをしようとした中野会長に対して、ＪＡグループの中でも、「そんなことしたら、今まで小泉さんと信頼関係をつないできた神出はどうなるんですか。これで合意って言ったじゃないですか」と、ちゃんと会長に言った人がいた。にもかかわらず、なぜ比嘉さんが僕に電話してきたのかというと、「今さらいったい何言ってるんですか。だったら自分で言ってくださいよ」と中野会長に言ったらしいと聞きました。

三番町のビルは二階建てで、二階の大きな会議室の円卓でＪＡグループの幹部と僕たちが会うところだったんだけど、その部屋に来ないということになって、じゃ、西川先生と中野会長が差しで話をつけようと、一階の部屋で二人で会った。そこでいろいろと説得をしてくださったんでしょう。しばらくして中野会長たちが二階の会議室に入ってきて、話が始まった。それでも中野会長は受け入れられないと言う。

――中野会長は会議の席に着いてもまだ抵抗していたんですか。

小泉　そうです。ここで一通りＪＡグループ側の意見を聞いたあと、今度はインナー側が一人ひとり発言することになった。森山裕元農水相が、「中野会長ね、いろいろ思いはわかりますよ。しかし、ここの場はもう文言を修正する場所じゃないんだ。ご理解をいただきながら、ここはこれで行きたいと思う」と話してくれた。その次、西川先生も、「そういった思いも汲んだ上での最終的なこのとりまとめだという思いでとらえてもらいたい」と話され、一人ひとりがひと言ずつコメントした。

僕は一番端、江藤拓さんの隣に座ってたんです。これも結果としては配慮だった。僕はありがたいなと思った。最後に僕が話をするという順番で回してくれた。今さらこんなちゃぶ台返しをするのかという怒りが、やはり僕にもありましたよ。だけどそこで江藤先生が僕にひと言、「進次郎君な、思いはわかるぞ。だけど抑えろよ」と言ってくれた。今でも忘れないですね。

――江藤さんから「抑えろよ」って言われて、抑えたんですか。

小泉　冷静に話しました。「ここまでいっしょに様々な協力をいただいてありがとうございました」ってちゃんとお礼から始めました。「ただ、この場でまるでちゃぶ台返しのようなことをおっしゃられたことは、たいへん残念です」と申し上げた。僕なりの抑え方は「ふざけるな」とか言わないということ。後ろのほうには神出さんとか全農の幹部の人たちも座っていた。僕はそっちを見て、「今までいっしょに思いをもってやってきてくれた神出さんや、組織の中で変わらなきゃいけないと思っている方々が報われないような、そういったことをおっしゃるのはやめていただきたい」っていう話はしました。

江藤先生が部屋を出るときに、くるっと振り返って、笑顔で、「だから俺はおまえのこと大嫌いなんだよ」と言って帰ったんです。

――中野会長に抗議したわけだ。

小泉　ストレートでしたけどね。会議が終わって退出するときに、江藤さんから「抑えろって言ったのに、おまえは若いねえ」と、ひと言言われました。

農林部会長になって最初にぶつかったのが江藤さんだけど、そのあと要所要所で後押ししてくれましたね。この文言修正に至る中で、外部人材の登用が全農に必要だというところは、党内でも結構反対があったんです。そこまで言うべきじゃないと。だけど、そういった声が挙がったときに江藤さんが、「進次郎君、言わなくていいのか。言え、頑張れ」と脇から言ってくれた。

――当初、対立していたのに仲良くなったのはどういう経緯ですか。

小泉　部会長になったあと、TPPとりまとめの文言調整でぶつかったのが江藤先生だったんですよ。江藤先生が、おまえが部会長なんて認めねえぞって思っているのはわかった。父親の江藤隆美さんのことを考えたら仕方がないと思うんですよ。うちの親父の郵政選挙のときに自民党からはずされて、刺客を立てられた経緯がある。

だけどこれから部会をまとめていく中で、まず江藤先生に認めてもらわなきゃいけないなっていう思いがあった。どうやったら僕の目を見てくれるかな、と思いながら、コミュニケーションを図ろうと思っていたんです。だんだん少しずつ話をしてくださるようになり、衆院農林水産委員会で席が隣同士ということもあって、いろんな話をするようになった。あるときに自民党の農林部会で江藤先生が意見を言ったあと、僕が、「すいません。たいへん恐縮なんですけど、僕は違うと思います。僕はこういう思いです」と言ったら、「だからてめえはよう」みたいな話になって、話がまとまらなくなった。

西川先生も、「じゃ、最終的にはもう二人で話して文言まとめて」というかたちになって、役員会の終わったあとに僕と江藤先生が残って役所と文言を調整することが続いた。「じゃ、どの言葉だったらいいんだ」「いや、これはこういうふうにしてください」とか、「ダメだ」「じゃ、これはどうですか」とかやりながら、「じゃ、これでどうだ」「わかりました。じゃあ、これで行きましょう」などと話し合った。

そういったことをやったあとに、「こうやって思いはぶつかりながらも、よし、じゃ、文言詰めるぞって言ってくださるのが非常にありがたいです。これが自民党の良さだと思います」と言ったら、江藤先生が部屋を出るときに、くるっと振り返って、笑顔で、「だから俺はおまえのこと大嫌いなんだよ」と言って帰ったんです。

僕はそのあと農水委員会で隣にいた江藤先生に、「いやあ、江藤先生、おとなになって目の前で大嫌いって言われたことないですね。だけど僕はなんかうれしかったですよ。大嫌いって言われることは、少なくとも先生の頭に僕があるっていうことじゃないですか。大嫌いだったら好きになってくれる可能性もありますよ。だけど無関心だったらどっちにもならないですよね」と言ったら、「おまえ、気持ち悪い奴だな。大嫌いって言われて喜んでる」みたいな話になって、「一度先生、ご飯に連れてってくださいよ」と。それで、

「わかったよ。おまえ、誰誘う？」と言うから、「先生は誰か連れてこられるんですか」と言ったら、「いや、別に俺は一人でもいいけどよ、おまえ、誰か連れてくるんだったら……」「だったら、差しでお願いします」って言ってご飯になったんです。全農改革のとりまとめに入る直前の十一月八日でした。

――ご飯を食べさせてくださいよっていうお願いの仕方？

小泉　やっぱり先輩ですから。そりゃ、先輩には私がお連れしますじゃなくて「ご馳走になります」と。

――江藤さんは一九六〇年生まれで当選五回。小泉さんより二十一歳上。当選回数でも二回上です。先輩に甘え上手ですね。

小泉　だって、席を設けたら逆に失礼じゃないですか。おまえに奢られるなんて、なめんなよって、そういうことになるだろうなって思って。その夕食のときにお話ししてよくわかったのは、全農を変えなきゃいけないと、江藤先生も心の底から思ってるっていうこと。それを共有できたのがすごく大きかった。

――農林族と言われる方々も変えなきゃいけないと思っていたんですね。

小泉　ある先生が後日言ったことは、「われわれと小泉君は同じ山を登ってるんだよ。

だけど登り方が違うんだ。われわれはねえ、ジグザグに行くんだ。あなたは直線」（笑）。
うーん、なるほど、わかりやすいと思った。

戦わなければ政治家じゃないと思っていますからね。こっちとこっちの意見を聞いてまとめて、パパパッと繕ってお化粧して、はい、出来上がりっていうのは、僕じゃなくてもいいと思っています。

——全農との会議終了後、小泉さんは記者団に説明されましたが、翌日の各紙朝刊で評価が分かれました。記者側の評価基準の一つは規制改革推進会議の案だった。一方、全農改革がどの程度進むかという基準もあった。

小泉　読売と日経は評価。毎日と朝日は骨抜きだと批判。そこはどっちを基準に置いているかで、すごくわかりやすかったですね。

——メディアは怖いなと思いました？

小泉　怖いという印象よりも、農業分野では、わかりやすい構図を描かないときちんと伝えてもらえないメディアに話をする難しさがあると感じました。だからこの世界はなかなか変わらないんだなと。要は外部のチェックが働きにくい。学べば学ぶほど複雑なことがよくわかり、専門用語がメチャクチャ多いから、党内でもずうっとそれをやり続けなければ、口出しができなくなってくる。だから外からの目が利かない。話をしても、記者の側も基礎知識がなかったりする。そうすると話と理解が嚙み合わない。怖さというよりも難しさ。

――記者に対して「もっと勉強したら？」って言ったりしませんでした？

小泉　それを言っちゃったら終わりじゃないですか。政治家だって全部のことをわかってるわけじゃない。わからない人に説明しなきゃいけないのが政治家の仕事です。

――忍耐強いですね。

小泉　だってそういうことを言うのを、メディアの方は待っているわけじゃないですか。言った途端、あいつは傲慢だ、不遜だって書き方をする。だから、そのたびに説明していましたよ。全中と全農の区別を間違えて質問してくる記者にも、だから全中はこれをやって、全農はこれをやって、という説明をしてから答えるようにしていました。

――先ほどの全農への対応とずいぶん違いますね。小泉さんは自分が元来、血の気が多い方だと思いますか。

小泉　戦わなければ政治家じゃないと思っていますからね。こっちとこっちの意見を聞いてまとめて、パパパッと繕ってお化粧して、はい、出来上がりっていうのは、僕じゃなくてもいいと思っています。そういうのがうまい人もいますけど、僕はそこじゃないんです。むしろ越えられないと思われているところをどうやったら越えられるかということを考えるほうが、エネルギーが出てくる。戦うことによって突破力が生まれますよね。誰でも落としどころが見える世界だったら、ある意味誰でもいいわけじゃないですか。

とにかく部会長は自分の気に入ったところをやるから。しかもだいたい難しいことをやりたがるので、部会長の目に付くところに難しいものを置いておく。

――血の気の多さという点では、福田さんもそうなのでは？

福田　ですね……。若いころは口より先に手が出てましたからね。

小泉　え？　ほんと？

福田　そうですよ。高校のときなんかほぼ毎日喧嘩してました。

小泉　意外……。

福田　うちは祖父もそうだし、親父もそうだし、僕もそうです。気が短い。気が短いのを押し殺して、それを長く持たせるふうに変えていくほう。じゃなきゃ田中角栄さんとうちの祖父が、あんな長い期間喧嘩しませんよ。群馬県で言えば、福中戦争を四十年もやりませんよ。

――内心はカッカしながら自分でセーブしているんですね。

福田　部会長の場合には、結局何が目的かということを考えた上で、爆発的に破壊的にやるんですよ。われわれはじくじく総攻めでやっていくんです。無言で押し込んでいく。だから手法が全然違う。

前にも言いましたが、部会長は騎兵隊もしくは機甲部隊だと。われわれは歩兵隊。戦争の要諦って相手の意表を突くことなので、「小泉機甲部隊」が相手の意表を突いて態勢を崩したときに、われわれはワァーッと行って占領するという役割分担ができる。だからものすごく楽なんです。あ、行った、行った、走って行った。あそこだな戦場は、とわかる。部会長が取ったところを、ちゃんとうちの領土にしていくにはどうすればいいかをやるのが、僕たちの役割なんです。そうすると、部会長は思う存分、前を見て喧嘩ができる。

小泉　国際認証を農業でどうやって広げるかという話も、今の話と通ずるところがあると思う。GAPというんですけど、オリンピック・パラリンピックのときに出す日本の農産物はこの国際認証を取得していないとダメなんですね。

「さあ、GAP行くぞー」と言って、僕がドーンと行ったときに、皆さんが、論点はどこにあるのか、こういうことを話さなきゃいけませんよ、これはちょっと役所と詰めなきゃいけませんよ、というかたちで、場をつくってくれる。そこでさらにドーンって行って、「こっちが思っていることはここまでだよ！」と高い目標を言って、達夫さんらは、ヒーッと言いながら、「こういうことをやっておかないと、また部会長に言われちゃうよ」と（笑）。

福田　「はいはい、GAPね。皆さん、次GAPです」っていう感じ。とにかく部会長は自分の気に入ったところをやるから。しかもだいたい難しいことをやりたがるので、部会長の目に付くところに難しいものを置いておく。結局これが転換点なので、転換点って元に戻りやすいんですよ。戻らないように何をぶち込んでおくのか、何が必要かと考える。部会長が周りから包囲されないように、部会長の足跡が残るように、かつ、部会長がやったことが絶対間違った方向じゃない、五年後、十年後に評価されるようになること、あのときやっといてよかったねと言われることが、一番大事なんです。この方はあと三十年以上この世界にいるはずですから、そのときに批判されないものを、と考えていくと、だいたいやることが決まってくる。

あと、時々、言ったことを一週間後に忘れていることがある。詰めたのに変わってるぞみたいな……。

――でも、小泉さんはそんな姿を外に全然見せないじゃないですか。

福田　結構あるんですよ。だから農水の若手は無駄な仕事をいっぱいしている。

小泉　わかる。申し訳ないと思いながら……。

――小泉さんは農水省の仕事を増やしていたんですか。

福田　明らかに増えてます。

小泉　間違いないですよ。そこは僕もわかっている。でも小泉進次郎が農林部会長になったら、それは必然なんだよ、と。だって農政のことわからないんだから。僕にインプットして、いっしょになってやってもらわなきゃいけない。仕事の負担は増えると思うけど、こっちもそれだけの覚悟で臨んでいる。だから、申し訳ないと思いながらもなんとか応えてくれと。僕は、仕事増えちゃうからこれは頼めないなっていう付き合い方をする気はないので、お願いすることは徹底的にお願いしますと。その分こっちもやる。

福田　彼らからしても、部会長が発信すると、農政が初めて新聞の一面に載るわけですよ。だからまったく別次元のやり甲斐が生まれる。今まで農政の先生方からしか評価されないで、農協とか現場に行くと怒られてばかりだった人たちが、初めて日の光が当たるようになった。うれしさが全然違うんです。モチベーションが上がる。この二年間で政治家の見方が変わったと、農水省の人たちがみんな言っています。

小泉　それは僕じゃなくて、僕のことを支えてくれた若手のチームが、達夫さんはじめ、他の皆さんとほんとに密にやっていたから、そのお陰だと思う。ほんとに自分たち政治家を背負ってくれていると思う。

落としどころが見える闘いしかやっていなかったら、政治家としての成長はないと思います。

――従来の農林族は、ここへ予算を付けてくれとか、利益誘導的なことが多かったんじゃないですか。

小泉　これまでの姿は知らないですけど、少なくとも僕は全農という存在を世の中にしっかりと浸透させたという思いはあります。全農という言葉がこれだけ一般に伝わったことはない。かつ、全農は今いろいろ改革に動いてくれています。これは大きな一歩で、僕や達夫さんがずっと言っていたコスト意識は間違いなく浸透している。

それと大きいのは、最終的にこれは国から言われてやることではなく、あくまでもＪＡグループの自己改革というかたちで終えることができたこと。これはすごくいいかたち。自分たちでやるということは、できなかったときに逃げられないんです。

だから時々言うのは、ＪＡグループにとって一番楽だったのは、あの規制改革推進会議が投げてきた球をそのまままわかりましたって受け止めることだったかもしれないんです。できっこないから。一年後に、ほーら見たことか、できっこないじゃないかと言えばいい。だけど、自分でやると言った。

――そう考えれば大きいですね。

小泉　大きいです。だから僕は、十一月二十五日、全部すんだあとの取材で、「負けて勝つ」という言葉を使いました。あの言葉はそういう意味なんです。農協改革の集中推進期間というのは二〇一四年六月に始まって五年間で、今年が三年目。二〇一九年五月までに改革を終えなければならない。そのときに自己改革ができたかどうかを評価されるわけです。あと一年半しか残されていない。これは大きいですよ。そこに向けて今、皆さん、自己改革に頑張っている。あとはこれを応援したい。

――現段階で、イメージしたとおりに進んでいるんですか。

小泉　改革を頑張っていますということを、世の中に知ってもらいたいという全農の意欲は感じます。ちょっと微妙な言い回しですけど。結果がどうか、実効性がほんとにあるのかということはこれから見なきゃいけない。何よりも、農業者がちゃんと報われる結果が出ないといけない。今後見なきゃいけないことはいっぱいあるんですけど、少なくとも変わろう、変わらなければ農業者からそっぽを向かれるということはよくわかってるんじゃないですか。

――全農改革案がまとまったあと、菅官房長官が「小泉もこれでひと皮むけた」と言っていました。自己評価はどうですか？

小泉　成長の機会になったなと思います。これはほんとに落としどころが見えなかったんですよ。落としどころが見える闘いしかやっていなかったら、政治家としての成長はないと思います。あのちゃぶ台返しですべて御破算になる可能性はあって、どこまでだったら党内も担いでくれて、どこまで行くと梯子を外されるのか。落としどころの見えない挑戦をした上で勝ち取った。

僕はあんまり登山をやらないけど、山を登った人にしか見えない景色があるというのはわかる。この山を登った先にまたさらに高い山があって、その山を登ったら、今度はどういう景色が見えるんだろうか。エベレストに登った人の言葉に「エベレストという山に登ったら終わりではない」というのがある。登ったあと、今度はまた別の目指すべき山が見えてきたりする。

自分にとって今回の経験というのは、間違いなく政治家としてのターニングポイントになったと思います。だから今、農政改革という中で、業界団体と、いわゆる族議員を含めて、様々な権力構造の中で改革に挑んで、一歩でも前に進むということがいかに多くの苦労があるかも痛感したし、気をつけなければいけないところは何なのかもわかった。これはかけがえのない経験ですね。

淡々としていたら、政治はできない。熱くないと。
それは、やっぱり政治は人だから。

——こういう政局を潜り抜けて、政治の世界で何かを成し遂げていくためには何が必要なのか。こういう力が大事なんだ、というものはありますか。

小泉　一つは情熱でしょうね。淡々としていたら、政治はできない。熱くないと。それは、やっぱり政治は人だから。間違っているかどうかはよくわからないけど、この人とにかく熱いからな、ということで人は動くときがある。あとは、ほんとに最後まで担いでくれる仲間がいること。これはすごく大事なことだと思う。それが政治と役所、双方にいるということ。

あとは対メディア。これはほんとに考えさせられますよ。なぜかというと、永田町と霞が関の論理では突破できないことを突破させてくれる最後の力は「世論」なんです。そこの部分にどう訴えるか。これが理屈を超えた展開を生むときがある。相場観を超えた決着を生むときがあるのは、世論が動くときです。

日本農業新聞を含めて、向き合わなきゃいけないメディアがある。農政の独特なところは、向き合う業界団体と、それに伴うメディア。これは他の分野には珍しいんじゃないですか。そこの世論というのもあるわけです。

だから包囲網のつくられ方も独特。前日の夜まで決まっていたはずなのに、次の日の朝行ったら、話が変わってるとかよくあったんですよ。ときにそれにはメディアも介在しているわけです。自分の中でのかけがえのない経験と言ったのは、政治の世界は一寸先は闇という、その言葉には、ほんとうに嘘がなく、党政調の関係会議で了承され、それが八本の法案となって自民党総務会を通って、そして国会で可決成立して法律となるまで、各段階においてどれだけ抵抗が続くかということを見てるから、最後まで気は抜けない。たとえば党内で了承が取れたあとでも、今度は役所のOBとか、今まで農政に関わってきたメディアも含めて、どうやったら改革を崩せるかという動きが継続的にある。そしてときにそれは、与野党の議員に働きかけてやってくる。

――野党を巻き込んで？

小泉　国会での質問も含めて、役所の中にだって反対勢力はいっぱいありますから。党内だってそう。これはもうほんとうに最後まで気を抜けない。だから、十一月に全農との話し合いが決着したから、あとはＯＫという気にはまったくなれなかったですね。

僕の立場、年齢で「いや、勉強しすぎちゃダメなんですよ」なんて言ったら、ただの勉強不足じゃないですか。そうでしょ。

――全農改革を通してこの人はほんとに信用していい、この人ちょっと危ない、この人ほんとに危ないというふうに、それぞれの議員に対する見方が深まったんじゃないですか。

小泉　それはあります。こういう改革に挑んで、この人は頼れると思って最後まで本当に頼れる人、自分から支えますと言っているのに、最後は支えてくれない人、それと、はなからこの人は支えてくれないだろうなと思っていたら、実はすごく支えてくれた人――人間模様を全部見ましたよ。

――福田さん、進次郎さんは成長したなって感じはあります？

福田　それはわからないですよ。われわれみたいに元サラリーマンで下積みからやってる人間と、いきなり一番上から入っちゃった人では、たぶん伸び方が違うので、そこはよくわからないところが正直言ってあります。部下からすると、仕事は前よりしやすくなった。

小泉　よかった、よかった。

福田　部会長が変わったからというよりも、付き合い方がわかったから。

小泉　なんてことだ（笑）。

福田　あと、話を聞いてもらえるので、仕事がしやすい。たぶん楽にはなったんだろうなって気がします。部会長代理に任命されてTPPやったころは、僕も正直言って、この人の周りは敵だらけだと思っていました。四面楚歌なんだと思ってた。

その中で僕の一番の仕事は、政治的に部会長が足をすくわれないようにすることだった。いろんな人がいろんなことを仕掛けてきます。いろんな人がいろんな悪口も言う。よし、この機会にクビを取ってやれ的なことを言う人もいる。これを乗り越えたから、変なチャレンジしてくる人はいなくなった。だから部会長は今、ほんとに農政でも好きなことを言える。インナーの中はいろいろ大変だけど（笑）。

小泉　中だね。

福田　外見的には、自由に振る舞えるようになったし、周りもそういうふうに見るようになった。農政のインナーの方々も見る目が変わったから、たぶん楽になったんじゃないかなと思います。おそらくいい経験にはなった。

小泉　間違いない。達夫さんにとってもそうでしょ？　農林部会にこれだけコミットした経験は。

福田　ないですね。僕は裏方の仕事が多い。官邸のときも今回も裏方ですから。だからあんまり仕事の質は変わってないですよ。ただ、仕えている人たちが今までは全員年上でした。今回は年下で、でも政治的なプレステージはメチャクチャ高くて、火の中に飛び込むのが大好きな上司だから、その先見えてるのかなあと思いながら仕えていた。それから、部会長を支えるという同じ立場だから、農水省の方々とはメチャクチャ同志になりましたね。これまでの役所の人たちとは、全然違うレベルになりました。

小泉　僕も今後、農政以外の分野で活動する機会があったとしても、今回支えてくれた、特に若手の農水官僚は、これから一生の付き合いでしょうね。

――僕は案外、小泉さんは素直なんだと思ったことがあります。

福田　僕もそう思った。素直で勉強家。だからお父さんが、「あいつは勉強しすぎてダメだ」って言ったのがよくわかった。「孝太郎のほうがわかってるんだ。あいつ勉強しないから。進次郎は勉強しすぎるんだよな」って言ったのがよくわかる。ほんとに真摯に勉強するし、自分の見られ方もよくわかっている。

小泉　うちの親父が、「勉強しすぎはダメなんだ」って言うじゃないですか。それね、やっぱり年齢と立場がありますよ。僕の立場、年齢で「いや、勉強しすぎちゃダメなんですよ」なんて言ったら、ただの勉強不足じゃないですか。そうでしょ。

福田　でもお父様は勉強しなかったって、みんな言う。

小泉　いや、ほんとに言われるよね。おもしろいぐらい。誰に聞いても、ほんとに勉強しなかったって言うんですよ。びっくりするぐらい。部会に出ないし、勉強しないし、もう映画、オペラ、歌舞伎、クラシック。でも、それを僕が今の歳でやっているとしたら、どうです？

言えば聞くと思われたら寄ってくる人がいっぱいいる。だけど、あいつには言ってもわからないと思って近づかないでいてくれたほうがありがたい人もいっぱいいる。

――些細な事なんですけど、僕の「小泉進次郎体験」を話します。農林部会長になられた直後に携帯電話番号をほかの議員に教えたらどうか、と申し上げた。政務官のときは、携帯番号を教えない人として有名だった。上司の石破茂大臣も知らなかった。そうしたら、一週間後ぐらいに小泉さんから携帯でいきなり電話をいただいた。「この番号です」って。この人、人の言うこと聞くんだと感動した（笑）。今でも聞かなそうに見られていますよ。

小泉　そうでしょうね。でも、そう見られることが大事なときもあるんです。言えば聞くと思われたら寄ってくる人がいっぱいいる。だけど、あいつには言ってもわからないと思って近づかないでいてくれたほうがありがたい人もいっぱいいる。だから両面あるんです。

――農水省の官僚の方の意識は変わりましたか？

小泉　変わったなと思うのは、意見をしてくれるようになったことです。それは違うと思ったら、僕に直接、「いや、こういうほうがいいと思います」と言ってくれる。もう一つ、若手が自分から部会長にアポを取るようになった。これは、役所の序列からすると大変なことなんです。部会長には局長が行くことになっている。彼らは役所の中では言ってないかもしれないけど、ぱっと来たりしてくれて、中には「実は絶対部会長がすっごい好きになるような農家ですから、ちょっと連れてきていいですか」と言って、農家の人を連れてきてくれて意見交換をする。そういったことが変わりましたね。
あとは、こっちの要求レベルをわかってきている。どこまでがこちらが見ている世界なのか。お互いを隔てる幅というのがときを重ねるごとに小さくなってきている。今回のGAPもそうです。
達夫さんはそう思わない？
福田　GAPはすごくいいチームがすぐできましたね。立ち上がるまでの時間が短かった。
小泉　あと目標に対する踏み込み方。
福田　それはよくできましたね。農水官僚はたぶん政治家よりも明確に、もっと高いほうをやりたいんですよ。でも、これまでは出口がなかったんだと思う。農水の方々って前にも言ったとおり、一番政治家の言うことを一所懸命拾いに行くんですよ。端から端まで取りに行く。センターにいるのにライトもレフトも全部取りに行くっていう感じでやるもんだから、よくレクに来る人にも、「政治家の言うことを聞かないほうがいいですよ」と言うんだけど、どうにかして全部応えようとする。すごくまじめなんです、基本的に。苦労を厭わない。

——財務省のようにすれてないわけだ。

小泉　経産省のOBと話したら、そりゃそうだよね、俺たち政治家のことを使う人だと思ってるもんねって。われわれも彼らを使うし、彼らもわれわれを使う。だけど農水の人たちは、この人が御主人様と思ったならば、ほんとによく働く。

その代わり、出さないところは絶対出さない。これはしょうがないけどね。二時間攻めて、二時間一分目に、「実はそれってこんなにいっぱいあります」みたいなことになりますけど、方向性さえちゃんとしてあれば、いい人たちなんだなと。だからこそ、これからは、出した正しい方向が揺り戻しにならないようにするにはどうするかというのを考えなくてはと思います。

第6章　若者よ来たれ　農業の変化と未来

小泉進次郎と福田達夫は二〇一七年八月の内閣改造・自民党役員人事で農林部会を離れ、小泉は党の筆頭副幹事長に、福田は防衛政務官に就任した。二人は二〇一五年十月に農林部会長、部会長代理としてタッグを組んで農政改革に取り組んだ。彼らが考えたことは二〇一七年の通常国会で、八本の法律が成立したことで実を結んだ。

農政改革の主な内容は次の通りだ。

1　肥料・農薬などの生産資材価格の引き下げ
2　直接販売の拡大など加工・流通構造の改革
3　すべての加工食品に原則、原料原産地表示
4　農業者の収入保険制度の導入

1と2が盛り込まれた農業競争力強化支援法は五月十二日の参院本会議で成立し、八月一日に施行された。同法では、肥料や農薬などの農業資材が海外より高い現状を打開し、農産物流通の合理化を図るため、国、全農（全国農業協同組合連合会、法律上は「農業生産関連事業者」と表記）、農業者それぞれの役割と取り組みを明記している。全農には、とくに流通改革への取り組みへの努力義務を課している。4を盛り込んだ改正農業災害補償法は六月十六日に成立、二〇一八年四月に施行される。農業者の収入保険は、青色申告を一

年行っている実績があれば、自然災害だけでなく、価格低下などによる収入減少を補償する。品目の限定はないのが特徴だ。これまでの農業共済では、キャベツやホウレンソウなどの葉物野菜や花は対象となっておらず、自然災害を除く、価格下落など農業者の経営努力では避けられない収入減少も補償されなかった。これらも二〇一九年産から適用される。

これらの改革を貫く考え方は、農業者が経営者となって「儲かる農業」へ転換するということだ。収入保険は、それに挑戦して失敗した場合のセーフティネットになる。小泉は対談で、こう説明した。

「普通に考えれば、儲からないっていったら、儲けるためには何ができるのかを考えるじゃないですか。今までの農政だと、儲からないと、鉢巻き巻いてシュプレヒコール挙げて、のぼり旗立てて国を突き上げると、国からお金が出てきたんですよ。このずっと続けてきたことを変えていきましょうねということ。そのためには、農家の皆さんの発想も変えなきゃいけない」「農業のこれからは経営だ。儲からなければ長続きしない」

こうした考えを福田は新しい宗教にたとえ、小泉をその「教祖様」と呼んだ。小泉の「教え」がどの程度、普及していくかはわからない。しかし、元に戻ることはないことだけは確かである。

小泉進次郎という教祖が出てきて、いろいろ奇跡も見せるわけですよ。ひょっとして新しい神様って正しいのかも、と感じ始めてる段階なんだろうと思います。

――この章では「農業の変化と未来」というテーマでうかがいたい。二〇一五年の農協改革、二〇一六年の全農改革によって農業の何が、どう変わるようになるのですか。

小泉　ＪＡの中で自分たちは変わらなきゃいけないと思っている人たちが「変えるべきはここだ」という声を上げやすい環境をつくったのは間違いない。現場の農家が、自分たちが使っている資材が高いと声を上げることが当たり前にできる。そういうことがすごく大きい。

二つ目の変化は、農林水産省としては十年振りに多い八本の法案を、タイトなスケジュールの国会で全部成立させた。法制化の前と後で、農林部会での国会議員の発言、その声のトーンを聞いて、明らかに発想の方向性が変わった。どうやって衰退を食い止めるかから、どうやってうまく前に進めるかという方向に変わってきている。「この改革の不可逆的な流れをつくらなければいけない。その一つが法制化だ」と言ってきたのが形になりつつある。

三つ目の変化が、全農の自己改革を尊重することになったのを受けて、全農は今年三月に事業戦略を発表した。地方のＪＡ大会に行っても、組合長挨拶に必ず、「規制改革推進会議からこういった球が投げられて、自己改革ということで決着をした。しかし私たちに残された時間はあと二年だ」という発言が出てくる。自分たちは農家、組合員の皆さんから、相当厳しい目を向けられているという発想に変わってきつつある。とにかく農業を稼げるようにしよう。輸出では、「ほんとにできるのか」じゃなくて、「どうやったらできるようになるか」を考えなきゃいかんな、という発想になっている。これらが僕が感じる変化です。

――福田さんは変化を感じられているのか、まだまだ腰が重いなというふうに見られているのか。

福田　見ていると、宗教を替えるような感じなんですよ。

小泉　出たぁ、福田節（笑）。

福田　今までやってきた人たちが、悪いわけでもないんです。ただ、「信じるべき神様はこれだ」と信仰してきたんです。ところが小泉進次郎という教祖が出てきて、いろいろ奇跡も見せるわけですよ。激しいやりとりもするわけですよ。やっているうちに、最初は何を言ってるんだろう、なんか変なことを言うぞ、神様はこっちのはずだ、と思っていたのに、新しく出てきた神様らしき人の言ってることが、なんだか正しいような……。そこで信じる人が出てきているんですよね。そういう中で、「今まで信じてた神様って、どんなに信仰しても災難が降りかかってきて、そのとき俺たち守られなかったよね。なんで俺たち信じてたんだっけ」ということにふと気づいた。ひょっとして新しい神様って正しいのかも、と感じ始めてる段階なんだろうと思います。

ただ、次が実は重要で、役所では、改革の方法は正しいと信じていても、彼らは教祖様に対する地域支部みたいなものなので、まだまだ変わり切れていない。これまで仕事してきた方からすると、考え方の入口がまったく変わりますから、これから先が大事なんだろうなと正直言って思っています。ショックが与えられた。方向性が示された。次はイエスの十二使徒じゃないけど、そういう人たちがあちこちに行ってその教えを普及させて、やがてそれが聖書になり教会になり、そういう形になって初めて、だんだん一般の人たちも信じ始めるというところの入口には立ったと思います。

ただ、やっぱり二つの壁がある。一つは大きな政策的方向を決める役所の上の方々、もう一つは農政の責任者の方々。この人たちの中には、部会長がいろんなこと言うから調節したけれども、やっぱりそうじゃないと思っている人がいる。部会長が言っているから仕方ないと言って乗っかった人もいる。半数以上いると思います。彼らは守旧派という意味ではなく、部会長が言っている方向性の中で生きていく道、その可能性をまだ信じ切れていない人たちなんです。

それが、とりあえず部会長がいるから諦めてやったけど、いなくなったあとにほんとにするかどうかが、実は試金石だろうと思います。ほんとにそれを信じ切るかどうか、宗教として定着するかどうかだと思います。あと「生産じゃなくて、その先を考えなきゃいけない」ということは、相当根付いたんじゃないかな。

小泉　要はどうやったら売れるのかっていうことですね。

福田　まだお客さんまで行ってないんです。今までも生産と生産に関わる物流の話、そこに乗っける六次産業化までは一所懸命やってきたんですけど、最後にどうやって売り切るかという議論がほとんどなかった。農林の部会でも、売る議論なんて十のうち〇・一か〇・二しかありませんから、農林部会も変えていかなきゃいけない。そうすれば役所の人たちも安心してそちらのほうに行けるようになる。

小泉　これも奇妙なときの流れだなあと思うのは、僕らの最初の大仕事はTPP対策のとりまとめだった。最後のタイミングは日本と欧州連合（EU）の経済連携協定（EPA）。通商交渉で始まり、通商交渉で終わる。象徴的に違うのは、TPPのときは「とにかく守れ。どうやったら農家を守れるのか」という、ものすごい大きな力。EPAのほうは、西川会長が、「守りだけじゃねえんだよ。EUをこじ開けるんだ。攻めなんだ」と最初からドーンと言い、僕が主査を務めた農林関係は攻めのグループと守りのグループに分けて、二つのとりまとめをやろうという形になった。通商交渉で農林水産関係に攻めのグループが生まれるのは自民党の中で革命的なことなんです。これなんかすごく大きな変化でね。

福田　そう思いますね。攻めチームをつくろうと話したことが当然のように役員会を通る。

小泉　「おまえたちね、攻めなんか言ったって、こっちは守るのに必死なんだよ」みたいな声じゃなかった。

福田　それはたぶん、この部会長が言っているんだから、という諦めもあるんです。ただ、それがとても重要。農林で攻め部門ができて議論した、という事実が大事で、これが今後当たり前になっていかないと。

小泉　交渉に当たる現場の人たち、外務、経産、農水とかいろいろあるけども、その役所の皆さんに対して、「今までみたいに通商交渉で農水省が守りだけだと思ったら大間違いですよ。こっちが見ているのは、いかに守れたかというところはもちろん、いかにこじ開けたかという成果を持たずして帰ってこられたら困りますからね」ということを言う農水グループになっている。外務省の山野内勘二経済局長が初めて農林部会に来て、びっくりしたと言っているんですよ。農水省の役人に対しても、「守りばっかじゃないんですよ。何を取るべきか考えてください。農水の中にも攻めがあるんです」ということを強烈に言い続ける。これはけっこう変化を感じたんじゃないかな。

福田　EUは検査基準など、いわゆるスタンダードがすごく高い。政府間交渉の店開きの段階でわれわれが入っていけたならば、もうちょっと言えたんですけれども、輸出を担当していた僕からすると、ちょっと遅かったな、手遅れだったなというのはあります。

小泉　EUの基準を根底から変えさせるにはどうするのかという大きな姿、これがちょっとなかったんじゃないかな。少しでも開けてください、お願いしますみたいになってしまった。交渉事って「お願いします」と言ったほうが負けなんです。「別に要りませんよ。だけど、もったいないなあ、そちらにとっても利益なのにねえ」というスタンスで大きく構えてないと。「私たちが欲しいのはこれです」って見せちゃったら、相手が狙ってくるのはそこだから。向こうの理不尽な基準をこちらの基準に合わせていかせるにはどうすべきか、そこまでの議論にまだなってない部分があるんじゃないかな。

福田　まだなってない。「これだけの長寿国である日本。その食生活のスタンダードが、なんであなたたちは受け入れられないの？」というような話も含めて、われわれのことだって十分認めてくれなきゃダメじゃない、という交渉を本当はしてほしかった。

――改革の方向性というのは一つは生産コストを下げる、二つ目は輸出を増やすんだと。そういう集約の仕方でよろしいですか。

福田　小泉農政というのは突き詰めれば、農業者は経営者になれるんだ、ということだと思っています。農業と政治の関係で言うと、補助金農政をやめて、政治家が口を挟まなくて済む農業にするんだ、ということです。

それ以外では、どんどん小さくなっていく日本市場じゃなくて、高く売れる海外へ売っていきましょうという話。海外に売るということは、お客様のことがわからなきゃいけない。お客様のことがわかった上で、自分が何をどう作るかということを考える。これはもう経営そのもの。最終的な目標はここです。

要するに、今信じていることだけじゃなくて、「選択肢がありますよ。選択肢の中でどっちを選ぶかは皆さんですよ」。これも経営なんですね。判断ですから。だから、「自分で判断した経営ができる」というところがとても大きな、源流的な新しい方向だと思います。

小泉　すごく印象的なことがこの前のＪＡ徳島のパネルディスカッションでありました。生産者の方が「もっと果樹畑作の農家に対しても目を向けてもらいたい、支援をしてもらいたい」と発言した。そのとき、僕はこう言った。

「しっかり目を向けてないわけじゃないんですよ。だけど、よく今の農業を見てもらいたい。一番国が支援しているのは何農家ですか。一番お金使ってるのは何農家に対してですか。コメですよね。一番儲かってないのは何ですか。コメですよね。一番高齢化が進んでるの何だと思いますか。コメですよね。一方で、儲けてるの何ですか。果樹畑作ですよね。果樹って、関税がゼロのものばかりですよね。あったって数％です。コメの関税は七〇〇％超えですよと。それで予算もこれだけ付けてるんですよ。それで儲かってないんですよ。それでも国に守ってくれって、若手でも言ってきちゃうんですか」

そう言ったら、「いやいや、そういうことではありません」ってうろたえながら答えてるっていう姿が、僕はすごく印象的だったと思っているんです。

だから最後はこの現実ですよ。今まで国がお金を突っ込んで、助けることもいっぱいやって、関税も高くして、それで一番儲からないコメと、TPPが来ようと、もともと俺たち関税ないからね、っていう世界で戦ってる人たちとで、全然、経営感覚が違う。普通に考えれば、儲からないっていったら、儲けるためには何ができるのかを考えるじゃないですか。今までの農政だと、儲からないと、鉢巻き巻いてシュプレヒコール挙げて、のぼり旗立てて国を突き上げると、国からお金が出てきたんですよ。このずっと続けてきたことを変えていきましょうねということ。

そのためには、農家の皆さんの発想も変えなきゃいけない。コメだけでは儲からないんだったら、コメプラス施設園芸とか、複合経営がしやすいような支援メニューを今つくっています。それに、農家の収入保険をつくった。今までの日本の共済保険は品目に対しての保険なんです。収入保険というのは、品目ではなくて、農業経営全体に対する保険です。何品目をつくっていようと、経営全体で影響がでてきたときのための措置です。セーフティネットです。これはいろんなものにチャレンジしても、最後は経営全体に保険が下りるようにしていきますよ、と。これで新たなチャレンジをしやすくする。

こういった形で、新しい取り組み、儲かるためには何をすべきかという環境整備をやっていく。新たに農業者に対しては、自分たちで戦えるツールを用意していく。今、農業女子プロジェクトと言って、プロジェクトに登録をしている農業女子一人ひとりに農水省から毎週一回メールを送っているんです。それで新しい情報を流している。

それをやっていたら、今度は農業男子から、「女子だけじゃなくて俺たちもそういうの欲しいんだけど」っていう要求があった。そりゃそうだと思いますよね。で、今、農水省としてはフェイスブックを使って農業経営者ネットというのをやっていて、ここに補助金情報も含めて流しているんです。今だいたいフォロワーが一万二千人ぐらい。これが何を意味するかというと、農協、役所を中抜きして、農業者に直接情報を届けていくというか「情報の中抜き」です。農協とは関係なく、一人ひとりに自立した経営ができるツールを与えている。この情報化社会では情報力というのが大きくて、いくらいろんなメニューを国や役所が用意しても、知らなければ存在しないのと同じことです。これが全省庁の抱えている課題でもあるんだけど、農水省は直で届けていく。

これは、僕は一種の「政策流通革命」だと思っています。これも含めて進んでいくと、農業者が自分で情報を持っているから、農協を利用するかしないかは、農協が自分たちの経営にとってプラスなら利用する、プラスじゃなけりゃ利用しない。情報は持っているのが当たり前の環境を築けるようになってくる。今、そういったことをやっているのも、やはり農業のこれからは経営だと思うからです。儲からなければ長続きしない。そして農業の最大課題の一つは、世界の農業国でも類を見ないような、いびつな年齢構成。若い人が入ってこなかったら農業の持続可能性はない。そうすると飯が食っていける農業をつくらなきゃいけない。そういったことも今進みつつあります。

――果樹畑作の人たちのほうが、意識が進んでいると思います。問題はコメですよね。

小泉　ボリューム的に言ってもやっぱりコメですね。米農家によって相当差があります。今、メチャクチャ頑張っているある米農家がいて、衆議院、参議院両方の委員会に参考人として呼ばれた。彼はコメだけ作っていても儲からないと言われている中で、コメの単作で二〇五〇年に千ヘクタール目標でやっているんですよ。今、百ヘクタールだって日本の中では大規模ですよ。その方は新潟なんだけど、千ヘクタールどうやって確保するのかというと、すでに山口県に農地を確保したり、全国のどこに空いている農地があるかということを見ながら、拡大計画を練っているんです。僕と同世代。しかももともと農家じゃない。完全なる新規就農者がコメ一本でやっていこうとしている。

しかも、「私がつくるコメはとんでもなく高いブランド米ではありません。私が作るコメは一般の皆さんに食べていただくための価格帯のコメなんです」と言う。その方の言葉で僕がおもしろいなと思ったのは、「コメには二種類あります」というもの。「なんですか」って聞いたら、「漢字の米とカタカナのコメです」と言う。「各県が特A米争いをやってるようなブランド化は、最近ではもうありすぎて疲弊している世界。これは職人芸含めて、漢字の米。それはそれでいいんです。だけど自分がやっているのはカタカナのコメのほう。たとえば外食、中食で使ってもらうとか、誰でもそこそこの値段でおいしいおコメを買える。自分の経営はそっちです」と。

その一方で、大部分は稼げるか稼げないかではなく、とにかく作る。そして米価が安いか高いかという結果を見て、いろんなことを言う。そして、言われるがままに高い農業機械を買っちゃう農家もいる。

若い人は今、不確かな未来の中にも確かな未来に目を向け始めたんじゃないかと。人は食べなきゃ生きていけない。これは普遍的なんです。

——当選二、三回でこの農業問題を担当してよかったと思われます?

小泉　心から感謝します。農林部会長になったことは、僕にとって最大の食育だったと最近言うんですけど、見える世界が変わりました。「最高にうまい飯は生産者と食べる飯だ」という言葉がズバッと出てくるのはその経験の積み重ねです。たとえば「好きなお酒の銘柄はなんですか」って聞かれても、「それはあるけど、どんな銘柄にもかなわないお酒は、造った人と飲む酒だね」と話します。神戸ビーフの生産者といっしょに食べた神戸ビーフのステーキ。生産者を目の前にしていただくとき、ああ、いただきますってほんとに命をいただきますなんだなって、言葉の意味を噛みしめたりね。

あとお花屋さんに行っても、農林部会長になる前は、ああ、お花きれいだな、いい香りだな、で終わってたのに、今はこれってどこの産地ですか、これ誰が作ったんですかと聞く。哀しいのは、ほとんどのお花屋は、その花を誰が作っているかは知らないんです。作っているお花の農家も、どの花屋に行っているのかは知らない。

福田　知らないね。

小泉　僕はそれを感じるようになってから、なんてもったいないと思うし、お花屋はお花の生産農家のことを世に知らしめる発信拠点になるべきだと思う。今、野菜・果物・お米などは、道の駅とか直売所に行けば、誰が作っているかわかるじゃないですか。生産者の顔写真も貼ってある。これが花にはない。だけど花を作っているのも農家なんですよと。こういったところに思いが行くようになった。

たとえばうちのおばが生きていたころ、九州の僕の知り合いで、日本で最大規模のカーネーションを作っている方に電話して、「ちょっとカーネーション送ってくれる」って頼んだことがある。生産農家に、「あなたのカーネーション」と言える環境は、世の中にはないんです。だけど、僕は「あなたのカーネーションがいい」。それはやっぱり送る立場からしても、思いが入るじゃないですか。どこの花屋だってその季節になれば母の日のカーネーションってありますよ。だけど、僕はあなたのこと知ってるから、あなたのカーネーションを母親に贈りたい、という環境が、これから花の世界で少しずつ整ってくると思う。

その生産者の方に、「ねえ、自分の花だって言って売ってくれる人と仕事したいと思わない？」と聞いたら、「やりたいですよ。少しずつ直売とかも考えてるんです」と言う。そういうところに思いが行くようになった。

お水を飲んだり、おいしいお酒を飲んだりするときも、林業家に感謝するようになった。山をきれいに管理しているからおいしいお水ができるわけで、それはカキの養殖とか海苔の養殖も同じ。山から川に、川から海に水が流れていく、この一連の流れ、これがなければ、おいしい魚介類もないわけですよ。山の暮らしをしている林業家の皆さんに感謝しなきゃいかんなということも、林業に関わって、発想、世界が自分に植え付けられた。今、人生百年という時代に社会保障をどうするのかをみんな悩んでいますね。ただ、人生百年と言うけど、林業の世界の皆さんは二百年、三百年先を考えてる。

最近、農業者、林業者含めて、若い人が入りつつあるんですよ。なんでだろうなって考えたとき、僕自身の分析は、未来の予測可能性がどんどん低下して、何が起きるかわからない世界になってきましたよね。トランプ大統領の誕生、イギリスのEU離脱を含めて、今、世界の構図にも地殻変動が起きていて、不確かさというのがどんどん増してる。若い人は今、不確かな未来の中にも確かな未来に目を向け始めたんじゃないかと。人は食べなきゃ生きていけない。これは普遍的なんです。どんな世の中になったって、人は食べなきゃ生きていけない。そのために頑張ってるのが、一次産業の皆さんなんです。この普遍的で大切なものに人は目を向けてるんじゃないかなっていうのが、僕の思いなんです。

将来この日本をどうするのか。特に人口減少はもう止まらない。そんな日本で確かな歩みを夢を持って国民に提示すると考えたときに、この普遍的で大切なものに対する建設的な歩みをこれから日本は続けていくんだということは重要だと思う。

僕は最近、「真の医食同源だ」と言っている。「食が乱れると国が乱れる」という言葉があるとおり、お医者さんや病院にこれだけ税金やお金を使う国よりも、おいしく健康な食の確立によって、社会保障費も下がっていい食事にお金を使う国になったほうが、よっぽどみんなが幸せになれるだろうと。

政策的に時間がかかっても、これをどうやって回し、政策の歯車を入れるか。今の医療費と介護費のどこかを引いてどこかに持っていこうということじゃない。体質改善的な発想です。この方向性にみんなで行くぞという、その一つは間違いなく食だろうというところに思いが至るようになった。

そこから先は、われわれが力を付けなければダメなんですよね。僕も、これまでは割と自分の思っていることができたんですが、自分自身で力付けなきゃダメだよね、と思ったのは初めてなんです。

――それを支える身として、好き好んで選んだ道じゃなかったでしょうけれども、福田さんはどうですか。

福田　そうですね。だいたい福田家はそういうことが多いんですよ（笑）。ただ、全然違うところで勉強になりました。本当にいい経験だったですね。僕の場合、この小泉農林部会長体制を支えるのが仕事だと思っていたので、その中でテーマを与えられてやりましたけれど、基本的には構造をどう守るのか、何が構造の核なのか、何が小泉農政の核なのか――そういうことを考えながら、それに合わせていろんなものを調整していくみたいな役割だったと思っています。そういう意味では、仕事的に僕に合っていた。

もともといた商社の調査部は、構造などを解析し、どう変えるかを考えるところだったし、官邸もそうじゃないですか。要するにバランスなんです。しかも部会長はやることがメチャクチャ早いので、一週間ごとに言うことが変わったりする。でも、その流れをつくるにはこういう流れだといけるよね、みたいなことをさせてもらった。そこで同志がいっぱいできました。まず農水省の中にもできたし、まったく今まで関わってない先生方とも関わるようになった。まあ、小泉部会長が言ってることに対して、陰に陽に嫌なことをする人もいましたけれども……。

そういうことも含めて、では、どうすればいいのかということを考えるのは、すごくいい経験になった。もう一つ、僕はもともと中小企業政策をやっていて、働く人になぜこんなに幸せ感がないのだろうか、というのを一番のテーマにしてきたんです。結局、この国の今の形って、人にお金が回っていかないんですよ。この国は資本主義社会だから、お金がどう回るのかという仕組みを考えなければいけない。それと同じで、「お金がどう回るか」という目線で、農業を見ている人があまりいない、ということに気が付いたというのも、おもしろかったですね。

だから僕みたいな発想で考えていくとやれることがあるし、そういう考え方を持っている人が役所の中とか政治のほうにもいると、農政の議論は変わるんだろうなと思いました。そういう思考で役所の人たちに課題を振ったり、実際に現場に行ってみると、同じように考えている人がいる。あとはこれをつなぐだけなんだ。さっき部会長が言ったように、「新しい方向はこうだ」ということを示して、そういう人たちが息苦しくないような環境をつくることと、こういう人たちを増やしていくこと。一番の肝はやっぱり若い人なんです。

そういう、だいたいの大きな入口が見えてくると、僕の本務としている中小企業政策を通じて、「農業に何ができるのか」ということも自分の中で見えてきた。結局「売る」ということなんです。しかも、できる限り「高く」売る。ただし、必ずしも農業者に「売る」という機能を付ける必要はなくて、地域の近くにいる中小企業者がやってくれればいい。そういうことを提案し、実現していければいいのかな、という論点も見つけられたので、いろんな意味でとても勉強になりました。

ただ、正直、農政の世界は議論のスピードが緩やかなので、二年経ったから一度離れた方がいいな、と思ってます。世の中の他の動きと比較して議論のスピードが遅いし、やってることが長期的。けれども、多くの仲間もできたし、論点も自分なりに見つけたので、ここでせっかくできた流れが戻らないように、外側からやらなきゃいけない。輸出に関する枠組みはつくることができた、という自負はあるので、何らかのコミットを続けたいな、という思いが自分自身持てました。

そこから先は、われわれが力を付けなければダメなんですよね。僕も、これまでは割と自分の思っていることができたんですが、自分自身で力付けなきゃダメだよね、と思ったのは初めてなんです。けれども、部会長が示した新しい方向性が、定着しているわけではない。みんなが知った、やってみる人も出てきた。もともとやっていた人は喜んでる。けれども、すべての人がそういうふうに思ってくれているわけではないんです。僕は正直、容易にこれは元に戻ることもあると思ってます。

やはり小泉進次郎という部会長と、奥原正明さんという事務次官の二つの点があって初めて線になるんですね。一つの点だけだとぶれる可能性がある。二つあったからこそ一本の方向性が引けた。でも、この世界の話だから、わからない部分もある。結局のところ、「政治力なんだなあ」と思う。農政ってほんとに政治そのもの。予算の取り方からしてそうですよ。

小泉　すごいよね。

福田　予算の取り方、農政はこうやって取るのか、と。しかも、これまで関わってきたたとえば中小企業庁とは、桁が二つ違うから、いろいろ勉強になりました。

小泉　今の達夫さんの言ったことの一つでそうだなと思うのは、僕らは農政という世界に対する時間感覚と土地勘というものを体得したんだと思う。それはさっきお米の話になったけど、たとえば米農家の方がどういう感覚でいるかというと、一年に一回しかできないから、残りの人生は三十年だとか思えば、あと米ができるのは三十回だなっていう感覚、これってたぶん他の世界ではあんまりない感覚だと思うんだよね。その世界を背景にしているから、こういった意見、こういった声が出てくるんだなとわかるようになった。今後、農政の中でいろんな課題が出てきたときに、その声に対してどういう対処をすべきなのかっていうところの判断、この土壌を持ったというのはすごく大きいと思う。いわば共通言語を持った。これはすごく大きい財産だと思う。

逆戻り、揺り戻しというのは、これはあると思います。うちの親父を見てても、郵政民営化をやって、それで政権交代があって法律も新しくできて、少なからず揺り戻しがありましたよね。今でも党内でもそういう声もある。だけど大局的に見たら、民営化はされた。これから国営化はないんですよ。そこの部分で不可逆的。だからこの農政も、これからもいろんなことがあると思う。だけど、少なくとも大きな幹の部分で六〇年代、七〇年代のようなことに戻ってしまうことは、決して起こらない。たぶん政治というのはそういうものので、スタートから考えれば、揺り戻しはあったけど、確実な一歩は前に踏み出しているなという営みの積み重ねだろうなと。

そこは少し超然としたような思いで見ながら、どの立場になってもその思いを農政の世界に発信し続ける。ある意味、僕らは発言する入場券を農林部会長と部会長代理をやったことによって得たと思う。もしも一度も経験をしてなかったら、発言権すらもなかったと思う。そこはすごく大きかったと思います。

第7章　二人はどう見られているか

この章では、農林関係の国会議員、農水省の官僚に、小泉進次郎と福田達夫の仕事ぶりを聞いた。また、政権の中枢にいる官房長官・菅義偉に、二人への評価をうかがった。

小泉に関して、多くの人が口をそろえたのは「勉強家」ということだった。国民の大半は彼の鋭い言葉、格好良さにひかれても、どんな努力を積み重ねているかは知るまい。しかし、いっしょに仕事をしてみると、彼が日々、努力し勉強していることが次第にわかるようになる。それを上月良祐は「ワープするような、ものすごいスピード」と表現した。

齋藤健が驚いたのは、小泉の発信力ではなく、「受信力」だった。小泉はさまざまな情報を自ら取りに行って、現場の声に耳を傾けた。相手側も小泉から聞かれると熱心に核心を説明した。そこで集めた情報を取捨選択する能力に、上月は注目した。上月は「デマなのか、デマの類いなのか、それともこれはグッと核心を突く情報なのかを判断する、摑む能力がすごい」と言った。

小泉について、これまであまり言われていない気配りも明らかになった。小泉は地方視察の際、柚子の畑で自ら一個もぎとって持って帰り、西川公也に「これをお孫さんに」と言って、名刺とともにプレゼントした。それを、西川は中学生の孫に渡した。高価な物ではなく、たった一個の柚子に西川は感動し、「愛らしい」と言って目を細める。

これだけなら、名うての「じじい殺し」となってしまうだろう。しかし、小泉は農水省の若手職員にまで気を配る。農水官僚座談会で、全農改革が終わったあと、小泉が資料作りに当たった関係各課の若手職員を議員会館の事務所に招いて昼食を振る舞いながら、資料作りの苦労話を聞いたことが明かされた。

官僚の世界は、国家公務員総合職試験をパスしたいわゆるキャリア官僚と、一般職試験を通った職員に大別される。国会議員は見どころがあると思ったキャリア官僚を大切にし、飲み食いをする。だが、小泉は一般職にまで目配りしていた。

官僚座談会では、小泉や福田との率直な話し合いの様子が赤裸々に語られた。小泉らが一方的に指示するのでなく、素人同然の質問をして農政を根本から問い直した。これに対し、農水官僚は省の方針にとらわれることなく、持論を述べた。永遠の課題とも言える「政と官」の在るべき姿が現れているように思えた。

「欠点がないのが欠点」（菅義偉）

小泉はこう言われるようになっている。だが、小泉の人知れぬ苦労を見た人もいる。同い年の鈴木憲和は時々、小泉と酒を酌み交わす。そのときの様子を見て、鈴木は、「有名人は大変だなと思う。周りの人が気づく。そういうことも考えて、普段から振る舞わなきゃいけない。すごくストイックだ」と指摘する。

有名人であることが「嫉妬の世界」（江藤拓）である永田町では、プラスにもマイナスにも働く。小泉の「風除け」を自任する西川は、「彼はひがみの中で生きている。それが本人には見えないですね」と心配し、自分で身構えるように勧める。

一方、福田に対する評価も高い。菅は、「首相、官房長官の秘書官を経験し、国の政治の流れをあの若さで全部見てきている人。商社に勤めていたからグローバルな視点もある。全体を見る経験をしている」と言う。当選同期の鈴木は、「こんなに勉強になるものかなって思いました。政治的なプロセスのあり方、タイミングとか勘、感覚もある。どこを押せばいいのかを知っている」と語る。ただ、欠点もある。官僚座談会では、あまりに早口で、かつ話が広がりすぎるために、話の意味が取れないこともあったことが吐露された。

こうした評価を聞くと、評価する人の資質をも浮き彫りになるのがわかる。たとえば、菅は小泉が政治家になる以前、父・純一郎の事務所で来客の車を磨いていたことに着目した。目立たないところで、報われないかもしれない努力を重ねている人に目を向けるのは、議員になる以前に苦労を重ねた菅ならではの視点だ。また、西川は、小泉と福田が競い合う時代が来ることを予想した。西川に、「福田さんは小泉さんを支えていくのが役目と言っている」と水を向けると、「本音でしょうか」と二度、問い返した。長年、自民党の政争を見てきた人でなければ、気付かない政治家同士の葛藤だ。

他者の評価を聞くことで、小泉、福田の全体像をつかむのに、一歩近づいた。

菅義偉・官房長官

小泉の気配り、全体を見る福田

――長官の目から御覧になって小泉さんの良さ、あるいは欠点はどういうところですか。

菅　小泉進次郎というのは間違いなく日本をリードする政治家になっていくんだろうと思っています。欠点がないのが欠点と言われるぐらい、政治家としてよくできていますよ。自民党の改革のために世襲制限を考えていたんですけども、彼が出てきてから、世襲に対する世間の見る目も変わりましたよね。

私、以前、地元の自民党県連幹部に、「小泉進次郎の気配りや礼儀正しさはどこからきているんだ」って聞いたら、昔からそうだったっていうんですね。親父の選挙を手伝っていて、何もないときは事務所に来てくれた人のクルマを黙々と磨いていたっていうんですよ。誰かが言ったわけでも、誰も教えたわけでもない。やれと言われなくても、やることを自分で探す。そういう気配りができるんでしょうね。

――全農改革後、長官が「小泉はこれで一皮剝けたな」と話されていたのが印象的でした。

菅　私は彼を農林部会長に推薦した一人です。彼の発信力に期待しました。農林部会は、一番自民党らしいところというんですかね、ここの問題は日本全国の問題であって、改革しなければ、日本の地方は衰退していくと思っています。一番難しい部会長をやって、ほんとに苦労したと思いますよ。農業改革をやれば、反対の人が圧倒的に多いわけですから。簡単に自分の思い通りになるような部会じゃないです。そこでいろんな根回しとか頭を下げるとか……とりまとめる苦労が党内でも一番必要なところなんですよ。それをうまくとめましたよね。ですから私、これで一皮剝けたなという話をしたんです。

——長官から西川さんに、何回も「小泉をよろしく」と言われたと聞きました。

菅　西川さんはいわゆる農林族の代表です。私と同期で非常に懇意にしていますから、小泉進次郎が部会長になって、とにかく徹底して鍛えるというんですかね、日本にとっても、私たち自民党にとっても、将来を担う政治家ですから、そこはしっかり育ててほしいとお願いしました。進次郎にも「西川さんに相談するように」と言っていました。二人の関係は、間にまったく壁がない感じで、非常によかったと思いますよ。

——長官は福田達夫さんを前から御存じでしたか。

菅　総理大臣秘書官のときからずうっと付き合っていて、何度か食事もしました。彼はその前に、官房長官秘書官も経験した。ですから国の政治の流れをあの若さで全部見てきている人です。商社に勤めていたからグローバルな視点もあります。そういう意味では非常に素晴らしいと思います。官邸に入るということは、全体を見られるんです。いろんな重圧も当然ありますけど、全体を見る経験を福田さんはしていますし、またその力もありますね。

――江藤拓さんらが「小泉総理―福田官房長官を見たい」と話されていた。

菅 いいですね。いいと思いますよ。

――ところで、二〇一二年初当選組にどうして不祥事が多いんでしょう。

菅 私たちは、小選挙区で初めて当選してきた世代です。当時の私たちの仲間は、地に足が着いていたというんですかね。地域でそれなりの基盤を持ってなければ出られなかった。一方、二〇一二年初当選の人たちは自民党が野党のときに候補者になった。二〇〇九年総選挙では百十九議席しか取れなかったから、選挙区に空きがいっぱいあって、一挙に百六十人ぐらいの新人が候補者になりました。そして、ちょうど政権奪還に向けた選挙でしたから、かなりの数が当選した。二回目の選挙もどちらかというとその延長。政治家としての修業というか、基本的なことをあまり学ばないうちに国会議員になって、またそのまま二期生になったという方がそれなりにいるということじゃないですかね。

――その人たち、学業は非常に優秀ですよね。

菅　非常に優秀な人ばかりで、学歴高いですよ。しかし、人生学というんですかね、それがどちらかというと軽視されたということでしょうか。公募で選ぶ過程で、その地域とあまり関わりない人がけっこう出てきています。後援会組織もなく、追い風を受けてそれほど苦労なく当選して、政治ってそんなもんなんだろうなと軽く考えている方が残念ながらいるということでしょうね。ただ、大半の二期生は真面目に活動をしていることもご理解いただきたいと思います。

――若い議員にアドバイスすることはありますか。

菅　猿は木から落ちても猿だが、政治家は選挙に落ちればただの人だって、よく言われますね。私たちは有権者から審判をいただいて選出されてなんぼですから、やはり地域のことはしっかりわからなきゃダメですね。それと大切なことは、あの議員の事務所は誠実だと思ってもらうのが一番だということ。このことを私は自分の秘書に繰り返し言っています。事務所全体の信頼感を高めるにはやっぱりいろいろ努力しなきゃダメですよね。要望を受けてもできないことは当然いっぱいありますから、できないことはできないと丁寧に説明をする。選挙のときだけお願いするのは全然ダメですから、常日頃から見えないところでもきちっとやるべきことはしっかりやって事務所の信頼感を高めていく。ここがものすごく大事だと思います。

――そう言えば、官房長官就任前、地元で支持者の方を集めて座談会をやっていましたね。

菅　今はもうできなくなりましたが、大事なのは人数じゃないんです。広く呼びかけて、定期的にやる、毎年やるというのが大事です。国会が終わると報告会。十人ぐらいのときもあれば、百人ぐらいのときもあります。こちらから十五分か二十分話して、そのあと三、四十分みなさんから意見や質問をもらってそれに答えていきます。あらゆるテーマがでてきますから、真剣勝負です。そこで鍛えられました。

それと、朝、街頭演説をずうっとやってきました。街頭に立っていると、「頑張れよ」とか、「これダメだよ」とか、必ず四、五人に声をかけられます。同じ場所で同じ時間に立っていても、毎回反応が違います。その背景にどんなことがあるのかなと考えながらやっていました。そうするうちに有権者が、自分自身や自民党にどのような思いを持っているかがだんだんわかるようになってきて、バロメータにしていました。街頭にしても座談会にしても、有権者に直に接することが非常に大事なことだと思います。（二〇一七年七月十五日）

西川公也・自民党農林・食料戦略調査会会長

小泉、福田、いずれ競い合う時代に

――西川さんは小泉政権時代、内閣府副大臣で、郵政民営化法案に深く関わられていました。

西川　今年春、小泉純一郎元首相と、二階俊博自民党幹事長、私、進次郎部会長と四人で一杯やったんですよ。純一郎元首相はやっぱり息子がかわいいんですね。ちょっと体調を崩して風邪引き気味だったけど、最後までいましたね。何も言わなかったけど、間違い起こさないように指導しろよと、こういうことだと思います。非常に柔らかな印象でした。ほんとにかわいいのは進次郎ということだと思いますね。

――親子を比べて、似ているところはありますか。

西川　歯切れがいいところはそっくりですね。だけど、進次郎部会長は少し語尾をぼかす工夫をそろそろやったほうがいい。明言しちゃうと変えられませんからね。農業の問題は白黒付けずに、真ん中で収めることもあるんですよ。そのとき、あんまり片方に寄らないほうがいい場合がある。今は気っ風のよさというか、明言していていいと思いますけど。

――親子で違うところは、勉強しているかどうかですか。

西川　進次郎部会長はものすごく勉強してます。ほんとによくこんなに勉強するなと思うほど勉強してますね。農水省の官僚を呼んでは勉強会をやっています。非常に高い評価を私はしてます。早くみんなに追いつこうと、そういうことだと思いますね。

――西川さんは農林族の代表ですが、小泉さんを許容した理由は何ですか。

西川　私も常々農協改革をやる気になっていた。それは農協法の八条に「組合は営利を目的としてその事業を行ってはならない」と書いてあったからなんですよ。営利というのは結局配当を目的とするということですね。結局、農協は儲けるな、損するなというのが職員の意識になっていた。ですから、私は農協法八条の廃止をやろうと思っていた。でも、儲けたからといって農協が喜ぶんじゃないぞと。これは農業者に返せと。

――若い奴が何を言っているんだという気分にはならないもんですか。

西川　ならないですね。愛らしいですもん。

――愛らしい？

西川　うん。よーく相談をもらえる。すぐ電話も来る。ぜひ育ってほしい。

――小泉さんと意見対立する場面はなかったですか。

西川　まったくないですね。よく呑み込んで、私が何を言ってるかというのがだんだんわかるようになってきた。彼はこんな冗談を言ったそうですよ。お兄さんの孝太郎さんから、「進次郎、俺、ドラマで悪役なんだけど、誰か使える奴いねえか」と聞かれたんで、「適任者いるよ。西川さんと相談すれば悪役なんかすぐできる」ってこう答えたそうです(笑)。進次郎部会長は、「このごろ、西川さんと顔も似てきたって言われてるんです、私は。他の方に言ってくださって結構ですから」とも言ってましたよ。私たちはそのぐらい仲がいいです。

——一緒に仕事をして、どんな印象ですか。

西川　非常に気が利く。現地調査に神奈川県に行ったとき、柚子を一個取ってくるんですよ。それを私に、「お孫さんに持ってってください」って、届けてくれる。これ何より高価なものですよ。自分が取って届けてくれるんです。見込みありますよ。それをみんなに気を使うようになったときに、どーんと上がるでしょうね。

——お孫さんという痛いところを突いてくるわけですか。

西川　そうなんです。そりゃ、柚子一個だって二個だって、こんなうれしいことはありません。それをわざわざ小泉進次郎って名刺付けたまま孫にやるんですよ。そしたら中学生のおねえちゃんのほうは、「ああ、これ小泉孝太郎の弟だね」って。だから私、進次郎部会長に言った。「兄貴のほうが有名だぞ、まだ」って。しかし彼は配慮がよく回るね。なんとしてもすくすくと育てたい。嫌なことは私が防波堤になっても。

私が居酒屋で記者と一杯やっていたんですよ。そうしたら記者が、「小泉さんとときどき会いますか」って言うから、「じゃ、今呼ぶよ」って。そうしたら居酒屋まで来てくれてね。それから、私のパーティも出た。私のパーティ以外は出たことないそうですね。「本邦初出演」って言っていた。菅官房長官もものすごくかわいがっている。

——福田達夫さんについてはどう思われますか。

西川　これもすくすく、すくすく伸ばしたいですね。私は彼にいつも言うんです。「じいさんも親父も総理やってて、狙わないなんていうわけにいかねえぞ。それで狙わねえんだったら意気地なしって言うんだ」って。彼は「いやいや」と。ぼかすのがうまい。やっぱり組織で勉強してきている、三菱商事で。語学は堪能ですからね。カラオケなんかやると英語の歌になるし。

——小泉さんと福田さんのコンビはなかなか良いですね。

西川　そうですね。ずっとそういう関係が続くかどうかわかりませんけど、いずれあの二人が競い合う時代が来ます。競い合ったほうが二人とも伸びますよ。福田達ちゃんとも非常に仲良くやってます。達ちゃんも気が利きますよ。よく気が利きます。達ちゃんはやっぱり組織でやってきてるから、組織の中で生き抜く方法はよく心得ていると思います。

小泉さんは、組織をどうまとめるかを、もう毎日勉強してると思いますよ、毎日。福田達夫さんはこれから光がどう当たっていくか。これが将来を占いますね。非常にいい感覚で言いますね。これはなかなかです。光るものを感じます。

——小泉さんとか福田さんとか、若い人たちといっしょにカラオケに行かれるんですか。

西川　福田さんとは一度だけですけど、「ついてこい」って言ったら「はい」って来て、スナックで。小泉さんは居酒屋。よく来てくれましたね。この二人はなんとしても育ってほしい。

——話をお聞きしていると、小泉さんは人使いがうまいですね。

西川　そうなんです。私が使われているところがあるんですよ。そこは高く評価してます。彼はひがみの中で生きているから、ここはしっかり守ってやらないといけない。私らはひがむ必要ないですからね、若い人に育ってもらえば一番いいんですから。

——議員の世界はジェラシーの海ですから、おもしろくない議員がいるでしょうね。

西川　いますよ。います。なんであそこだけ日が当たるんだっていうのはあるでしょ。私はいつも風除け、弾避けですよ。でも、今度ほんとに弾が来たら避けてやろうかと思って（笑）。

――本人よりも、西川さんのほうが、他の議員の様子がよく見えるじゃないですか。

西川　本人には見えないですね。あれだけ目立つと、ひがみ嫉妬というのはありますから。でも逸材です。これはしっかり育ってほしい。私がいっしょにやってる間は、ちゃんと防波堤になってやりますよ。ただ、いつまでも弾避けしてもらえないんで、そこは身構えるようにさせなきゃいけません。

――進次郎さん、福田さんでそれぞれについて、足りないところはどこですか。

西川　小泉さんはもうこれからは総論を述べる立場じゃないんです。そんなことは誰も聞いてないんです。課題が何で今日はどういうことを議論したいと、ここをやっぱりこれから示していかないと、総論は通らない。そういう立場になった。達ちゃんのほうはもう遠慮しなくていい。どんどん表へ出たらいい。それで泥も被れと。それが一番の私の注文ですね。

――福田さんは小泉さんを支えていくのが役目と言っている。

西川　だけど本音でしょうか。

――そうですか？

西川　本音でしょうか。あんまり遠慮しないほうがいいでしょうね、ここまで来ると。達ちゃんの能力は高いです。冷静に見えるから、もう少し泥被る、進んで泥被れと、こういうことを私は申し上げたいね。（二〇一七年六月二十一日）

江藤拓・自民党農林・食料戦略調査会筆頭副会長

進次郎君が弱ったときは助けに行く

――江藤さんは小泉さんに、「おまえは嫌いだ」と言われたとか。

江藤　確かに言いましたね（笑）。私も餓鬼じゃないんでね、嫌いというのは、いろんな意味が込められてるんです。これは感情の表現ですから。おまえなんか歯牙にもかけていないぞ、この若造が、と思っていれば、嫌いだとも言いません。

――小泉さんが農林部会長になってどう思われましたか。

江藤　農林部会の歴史を知っている人間からすると、なんか訳のわからないのが入って

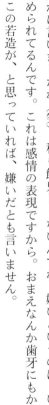

きたぞ、と。部会は部会長の意見を通す場所ではないんです。党の意見を集約するのが部会長の仕事。最初、全くそれができてなかったですね。それは自分もかつてそうだったので、しょうがないと思う。若いということは、通説とか常識とかに対して素直に疑問を感じること。それがイノベーションにつながるものだと思うので、それを否定するものではありません。ただ、最初の彼は明らかに力みすぎていました。部会長なんだから俺が仕切るんだ！　という感じでした。

だから、何を勘違いしているんだと。君の考えを農政に反映させるのが部会長の仕事ではないと。部会長は党内の議論を活発にさせて、その意見を集約して、最終的に党としての、自民党農林部会としての意見をとりまとめるのが仕事じゃないかと。しかし、彼はもう一人で突っ走っていっちゃう。私は彼に対しては厳しくとも優しくあったつもりですよ。二人で飯を食べたときに彼に言ったのは、表面的にチヤホヤされても、それを本気にしてはいけないということです。政治家には特に表と裏がありますからね。

——そうなんですか。

江藤　そうですよ。嫉妬の世界ですから。私は彼に、「騙されるなよ。俺は誰にでもストレートにものを言う、君の考え方は間違ってる、君の仕事はそういうことじゃないだろうと。部会長なんだから、自分はこう思うと意見を言うのはいいよ。でもそれを押し付けるようなことはやめろ」と言いました。だけど、どうも進次郎君の圧倒的な人気に押されて、叱るべき人間が叱らなかったと思いますね。私よりもっと上の立場の人間で、進次郎君を叱るというか、もっといい方向に導ける人はいると思いますよ。

――それは僕も感じています。ある自民党議員が、「だんだん本人にものを言えない雰囲気になってきています」と言っていたので、小泉さんに伝えたことがあります。

江藤　それは政界だけではなくて、国民の間でもそうなんです。たとえば彼が部会長として宮崎に来ました。ある農業後継者が私に、「小泉の野郎、殴ってやりてえ」と言っていたんですよ。でも進次郎君が目の前に来ると、握手を求めてしまうわけです。テレビに出ている人だから。田舎の者はテレビに出ている人にはなかなか会えんでしょ。本人が帰って、「ぶん殴るんじゃなかったのかよ」と聞いたら、「いやあ、なかなかイケメンで当たりも優しい、いい人でしたね」なんて言うんです。何なんだ！　と思いましたよ。

だから彼は自分が世間からどう評価されているか、本当のところはわからないんじゃないですか。私は別に彼の教育係になるつもりはありませんが、彼がこれから政界で大成していくには、私が経験しないような苦労があるんだろうなと思いますね。たとえば、彼が重要閣僚になって、それで答弁能力不足で潰れたら、それはそれでラッキーと思う政治家が党内にいないとも限りません。

進次郎君にはいずれは国のリーダーになってほしいとは思います。それには彼がこれからどういう人と付き合っていくのか。魑魅魍魎の住む永田町ですから、私みたいに一匹狼でいいやと思ってるような人間にとっては、けっこう住みやすいんですけどね。

——江藤さんは菅官房長官ともお知り合いとか。

江藤　自民党総裁選挙のときに、安倍総裁候補の推薦人となったのがご縁の始まりです。それ以降、いろいろと相談に乗っていただいたり、力を貸していただいています。

本当にあの人はすごい人ですよ。私にとって数少ない尊敬できる政治家です。公的な会議とかでお会いする菅官房長官と、一対一でお話しする菅官房長官とのギャップが大きいんですよ。話してて気持ちがいいんです。政治家って、自慢話とか昔の話とか、よくするじゃないですか。そういうのがないですね。私、さっぱりした人が好きなんで。

——本題に戻しますと、福田達夫さんのことはどう見てらっしゃいますか。

江藤　いやあ、彼は切れますね。そして進次郎君よりもだいぶ年上ですよね。いろいろ胸中思うところはあるんだろうけど、彼は話し出すと止まりませんね。一生懸命私にも、特に輸出とか国際認証とかを説明するんです。商社勤めの経験があって、私の知らないこともたくさん知っているので、攻めの農林水産業、輸出の世界に入っていくのであれば、彼の能力が存分に発揮される部分があって、それで進次郎君といいコンビネーションができてたんじゃないでしょうか。

――小泉さん、福田さんの関係はどうなんでしょう。

江藤　非常に濃密な関係が築かれている感じがして、将来は「小泉首相―福田官房長官」みたいな。進次郎君はもういきなり、ここに行きたい！　ということを言うんだけれども、ここに行く理由はこうで、そのために越えなければならないハードルはこういうふうにあってと整理できるのは、福田君ですね。上月良祐君も素晴らしいですね。私は彼のことは好きですよ。男っぽいですね。腹が据わってますもん。

――小泉さんは将来の自民党を担う人材だと思われますか。

江藤　思います。私より二十歳も若く、成長する伸びしろはまだまだいくらでもありますから。そして進次郎君はああ見えて、けっこうしたたかなんですよ。農協改革のときも、私に「江藤先生に必ず相談します」とか言いながら、こっそり裏でやっていたり。それがこの世界は隠せないんですよ。「進次郎君、昨日の夜どこどこで飯食ってただろ。全部バレてるんだぞ」って。かわいいもんですよ。

私にも志がありますし、やりたいことはたくさんあります。けれども、政治家は政策実現力・発信力が問われるわけじゃないですか。国民に自分の声をどれだけ届けることができるかということは、とても重要な点です。私が汗水流してしゃべっても届かない言葉が、進次郎君の口を通せば届くんです。実に悔しいけど、それが現実です。自分の思ってることを進次郎君の口を借りて政策実現を目指すことも考えるべきだなと思ったりします。だから自民党には進次郎君を大事に育てて欲しいですね。

別に私は彼のことは嫌いなわけではなくて、私は政治家同士がベタベタしているのって気持ち悪いんですよ、なんか嘘くさい。私、人づきあいが苦手なんです。

――そんなこと言ったら選挙できないじゃないですか。

江藤　同じことを嫁さんに言われることがあります（笑）。自分でも社交性が足りないなと思っています。

――あんまり、斜に構えないほうがいいんじゃないですか。

江藤　私は人気者のそばにいるのが嫌いなんですよ。天邪鬼なんです。進次郎君が弱ったら、そりゃあ助けに行きますよ。でも彼が飛ぶ鳥を落とす勢いの間は、私みたいなうるさい先輩は要らないでしょう。進次郎君とは随分激烈な議論もしたし、彼も腹を割ってプライベートなことまで話してくれましたし……。進次郎君が道に迷って、「江藤先輩、ちょっと」と言って来るときが来たら、そのときは力になります。

今の日本を取り巻く環境は、私や進次郎君の親父の時代とは大きく変わりました。そしてこれから変化の速度は加速度的に増して行くでしょう。

進次郎君には更に経験を積んで、未来の世代のために働いてもらいたいと思います。

（二〇一七年六月二十九日）

齋藤健・農林水産大臣

発信力に加え、受信力

——齋藤さんは農林部会長時代に農協改革を行った。全農改革に比べてどうでしたか。

齋藤　農協改革のときは力仕事みたいな話でしたけど、全農改革のときは小泉さんのキャラクターがあった。小泉さんの上手だったところは、やっぱり世論に訴えるというか、農家に直接訴えるという手法をずいぶんやられていた。段ボールを部会でいっぱい並べて、

「こんなに必要なんでしょうか」みたいな。ですから全農をなんとか説得するというよりも、世論に訴えるというのは非常に上手だったんで、そういう意味では農林部会としてはユニークな展開になったなと思いますよね。それが小泉流なんだろうと思います。

――齋藤さんのあとの部会長が小泉さん。農林部会は変わりましたね。

齋藤　ほんとうに変わった。風景は激変じゃないですか。私が就いたときはまだ、結構大変だったんです。小泉さんになってからずいぶん変わりましたよね。

――農水省から副大臣として部会の運びを見ていて、どう思われましたか。

齋藤　まず次の部会を何をテーマにやるかを決めるのは、誰かということですね。これはかなりの部分で小泉さんが自分で、次はこういう人を呼んできてやりましょうかと組み立てていましたよね。幹部にもいろいろ意見がある中で、自分で企画して部会を運営していた。

――小泉さんという政治家はどうですか。

齋藤　小泉さんについてよく言われるのは、発信力があるということですけど、私は受信力があるなと思っています。つまりいろんな人の話を聞いて吸収する力。それからわからないことがあるとすぐ電話をする。直接ね。進次郎さんから電話があればみんなもう喜んで、何でも答えるわけですよ。それをうまく使って、いろいろ情報を取る。それでこんな話聞いてきたと。幹部も全員そんな話知らない、聞いたこともないと。小泉さんがその受信力で話を聞いてきて、じゃ、ちょっとその人に話をしてもらおうか、という部会運営なんです。今まで農林の部会の人たちが話を聞いていた人とは全然違う人が登場してきて、それで新鮮な議論を展開するというのが目立ちましたね。

だからいろんな話が出てくるわけですよ。口の悪い人は、あんだけ風呂敷広げたけど、結局これしかできなかったじゃないかと言う。だけど逆にあれだけいろんな発想を農林部会に持ち込んできたという意味では、高く評価されるべきです。彼以外の人にはできない。すごい受信力ですよ。

――一方、福田さんはうまく手綱を締めながら着地点を見いだしていったのでは？

齋藤　そう感じますね。福田さんは現実的だし、現実経済を知っている。だからいい組み合わせだったと思います。両方とも農林族じゃないので、本当はあり得ないですよね。だけど、官邸含めて農協や全農を改革しなくちゃいけないという大きな方向が出て、その流れの中でうまく誘導していった。大きな流れがないときにやりなさいと言われても、ただ潰れて死んでしまうかもしれない。その流れがないと、何言ってるんだ、で終わりですよ。

——安倍首相や菅官房長官が方向性を示していることが重要なんですか。

齋藤　非常に重要ですね。小泉さんもそれがないときついですよ。その大きな流れがあって、小泉さんは改革の方向に引っ張っていくわけです。それがないと、「何、君、十年早いよ」みたいな話で終わっちゃう。だからやっぱり大きな流れを政治の中でつくってもらって、これは無理。だからやっぱり大きな流れを政治の中でつくってもらって、その中で変に流されないように、ちゃんとコーディネートしていくという役割を担わせるのが大事です。

——農業から離れて、小泉さん、福田さんの政治家としての質をどう思われますか。

齋藤　小泉さんは努力家です。資料を読んで、勉強している。達夫さんとは、彼が議員になるはるか前、アメリカ留学中のときから僕はワシントンでいっしょだったんですよ。だから長いですよ。若いころから勉強熱心だったし、着眼点もいいし、だからいい政治家になるんじゃないかなと思っていました。お父さんの秘書官をやって、官邸の角度から入ってきて、まったく思いもよらなかった農林の世界をやって、非常に経験を積まれた。

——その通りですが、首相を務めた人の息子だと、下駄を履いて登場したようなものですね。

齋藤　それはそうでしょうね。ものすごく大きな下駄を履かれています。

——二人を見ていて、うらやましいという感じを持ちますか。

齋藤　思っても仕方ないことだし、一方で彼らにないものも僕にはあるのかなと思うしね。だけど一番うらやましいのは、選挙が有利だということ。これがうらやましい。それぞれ大変だと思いますよ。でも私のように落下傘でゼロからっていうのに比べればね。そこだけはいいなあと思いますよね。同じ時間を永田町での力を蓄えるほうに使えるわけですからね。僕は半分しか使えない。

――農協改革、全農改革ができましたけど、これから実際に運用されたとき、どうなるのか。

齋藤　おっしゃるとおりです。私が一番心配しているのはそこで、要するに仏はつくった。でも、現場で魂が入らないと、すべて逆戻りしてくると思うんですよ。ただ農業はこれから人口も減って、同じことをやり続けるのが実は最大のリスクなんだという意識を、どれだけ農家の人たちに浸透させることができるかね。ただ、新しいことをやれば、チャンスは大きい産業なんだと。そのためのツールはかなり出揃ってきたというふうに意識が変わってくれないと難しい。そこに気づいてもらえないと、すべての改革は水泡に帰すということです。僕らがやれることはやった。あとはあんたたちだよという感じです。（二〇一七年六月二十日。当時は農水副大臣）

鈴木憲和・元自民党農林部会部会長代理

小泉、福田がマインドチェンジ

――鈴木さんが農水省の官僚として見ていた農林族と比べて、変わりましたか。

鈴木　やっぱり一番変わったなと思ったのは、たぶんタブーがなくなったことだと思います。たとえば、加工食品の原料原産地表示。これの義務化というのはタブーだったんです。だけどまずタブーなく議論をしようじゃないかというところは、すごく変わった。今まで当たり前のように議論できなかったことが議論していいんだよという風土になったわけです。

――原産地表示以外に、どんなタブーがありますか。

鈴木　選挙応援していただける皆さん、地元では大切な支持者なので、そこに対して、上っ面な議論ではなくて、将来のことを本気で議論していこうよと。本気で議論すれば当然意見の合わないこともたくさんありますから、思い切ってやろうよというのは、農政のプロではない小泉進次郎さんという政治家だったから、できた部分は大きかったんじゃないかなと思います。僕自身は役人出身ですから、そこから先は言ったらダメだよねって思うことだって当然あるわけですよ。だけど、誰のために政治をやっているんだろうって考えれば、広く国民のためですし、一人ひとりの生産者のために役に立つんであれば、思い切ってやろうっていう感覚でやりました。

――福田さんについても同じことが言えますか。

鈴木　僕自身は今回、福田さんからすごくたくさんのことを学ばせていただきました。実際に企業の方が――生産者だって一人の経済人ですから――どういうふうに動くのかということをちゃんと念頭に置きながら議論をしようということを心がけることができたのは、本当に福田さんのお陰です。今までの農政には足りなかったところですよ。マーケットとか、消費者基点で行こうとか。今までは生産者基点でしたから、いかに生産者を潤せるかということしかないわけですけども、それは決して国全体がやるべき話ではないので、やっぱり最終的には国民全体がいいというふうな感覚になっていくためのマインドチェンジはすごくできました。

――小泉さんと福田さんのコンビはいかがでしたか。

鈴木　僕も福田さんと小泉部会長を支える立場でずっと話していたのは、ときにはダメなことはダメってやっぱり言わなきゃいけないと。そう心がけてきました。福田さんもいっしょだったと思います。小泉さんは発信力があまりにもあるので、発信したけど間違ってましたというわけにはいかないので、そのへんもやっぱり気をつけないと、と話していました。

福田さんとは同期なんですけど、あの人はすごい。ほんと勉強になる。こんなに勉強になるものかなって思いました。首相秘書官もされてたんで、政治的なプロセスのあり方、タイミングとか勘、感覚もありますよね。どこを押せばいいのかとか、あとは現実のマーケットってどうなっているのか、また中小企業の世界はどう考えているのかというところが、たいへん私自身にはよかったですね。

小泉さんは何しろ馬力があるんで、ガンガンやる。息が切れても走るっていうタイプなんで。でもよかったのは、ここから先は踏み越えたらダメですよっていうところだけはわかっていただけたことです。誰よりも小泉さん自身に、現場のことを知ろうというスタンスがほんとにあったと思う。そこはほんとやりやすかったというか、いい時間を過ごさせていただきました。

——農協、全農改革がうまくいくかどうかは、農業者のやる気にかかっているのでは？

鈴木　人と、あとやっぱり追い込まれ方ですね。まだ体力があるところは、踏み切ろうっていう感じにならないけど、もう限界だよねってわかってるところのほうが、前向きになりつつある。前向きになるか諦めるかっていう選択肢しかもうないです。現状に留まるという選択肢がないのをわかった時点で、どうするかというと、当然、組織としては諦めると言えませんから、じゃあ、前に向かって何をやっていくかとなる。

――選挙の応援に小泉さんが来ると違いますか。

鈴木　普段政治に関心のない層の人たちに来ていただけますよね。そこが他の政治家との一番の違い。意外なところに刺さる。玄人じゃない層に対する訴求力は抜群で、言ってることはそうだなって思っちゃう。でもよく文字に起こしてみると、ほんとにそうなんだろうかって思うことも当然あります。

僕は部会が終わったあと、記者団とのぶら下がりを、小泉さんの後ろに立って一年間聞いてましたけど、そうかなって思うことも当然けっこうありましたよ。でもなんとなくそれらしく聞こえちゃうというのは、やっぱり彼のうまさなんでしょうね。天性のものなのか、努力して得たものなのか。修正する能力もありますよね。

――小泉さんと同い年だから、ちょっと二人で行こうよというときがありますか。

鈴木　時々ね。農政の話もするけど、他の話も含めて、おもしろいですよね。有名人は大変だなって思いますよ。周りの人が気づくし、そういうことも考えて、普段から振る舞わなきゃいけないじゃないですか。ご本人はもう慣れちゃってると思いますけど。すごくストイックだと思います。（二〇一七年六月二十一日）

上月良祐・農林水産大臣政務官

小泉さんは政策でワープした

――小泉進次郎さん、福田達夫さんと一緒に仕事をしてみて、いかがでしたか。

上月　小泉さんが首相になったとき、福田さんは官房長官候補なんじゃないでしょうか。歴史は繰り返す、ですよね。二人とも三世、四世であるという、共通の悩みというか、難しさもあるから、共感できるところが多いんじゃないかな。

二〇一三年七月の参院選で当選したあと、小泉さんと少人数でいっしょに晩ご飯を食べました。そのとき、僕は小泉さんの真向かいに座らせてもらいました。僕の感想としては、小泉さんは、僕がどんなに勉強しても身につかないものを持っている。キラキラ輝くようなスター性があった。ただ、そのときはまだ政策的には真っ白な感じがしました。復興政務官になられる前だったと思う。この人、きっと一生懸命勉強してえらくなられるんだろうなと。でも、変な取り巻きに囲まれなければいいのになと思ったわけです。それで、気づいたら、いっしょに仕事をやるようになった。変な取り巻きにならないようにしなきゃと、最初に思いましたね。

――小泉さんの政策面での成長はどうでしたか。

上月　僕は二十五年間、国と現場の県庁で徹底的に政策をやってきたわけですよ。それなりに頑張ってやってきたつもりだったから、議員になったって政策で負けることはまったく考えてなかったわけです。ところが彼は農業に関しては、僕の一キロメートルぐらい後ろからスタートしたはずなのに、ワープするようなスピードで飛んでいった。僕は参院自民党の国対副委員長でしたから国対業務に相当な時間をとられてたということもあったけど、彼はもう飛んでって止められない。ものすごいスピードで、吸収しているんですよ。

それはなぜかといったら、コアな情報を持っている人がどんどん行くからなんですよ、彼のところに。これが強みですね。そのうえで彼は頭のキレが抜群で、取捨選択する能力がすごいです。デマなのか、デマの類いなのか、それともこれはグッと核心を突く情報なのかを判断する、摑む能力がすごいですね。

あと、小泉さんが強いのは、現場に行けることです。僕ら、土日って、地元のお祭りとか、いろんな会合に顔を出さないと選挙に勝てないです。彼は選挙が強いから、土日もひっくるめて、各地にどんどん行けるじゃないですか。あの福田さんですら、「この調子で毎週末のようについていったら、次、落ちちゃうよ」なんて笑っていましたから。

政策って、役人と議論する、学者と議論する、現場を見る、本を読む、正直、それぐらいしかないわけです。でも、現場を見ると言っても、現場の人に来てもらって、東京で聞くのと、実際に現場に行って聞くのとでは、全然迫力が違いますよ。政策に関する全てをこの一年半くらいで彼は徹底的にやったわけです。

最初は、正直、農林部会の人たちも、なんで小泉さんなんだと思っていた人が多いんじゃないでしょうか。でも、途中からみんなビックリしてたと思います。僕もあれほどまでに勉強する人だとは思わなかった。いっしょに地方に出張したとき、移動中もずっと本を読んでいた。集中力もすごいですね。結果、ピンチをチャンスに、彼自身が大丈夫かなと思っていた機会を見事にチャンスに変えて、首相にまた一歩、近づかれたんだと思います。

——一緒に働く上で、上月さんの役割って何だったんでしょうか。

上月　ひとつは役所との間でのクッション材。そしてもうひとつは、議論の流れの中で、ここぞというときに全力で支える、その役割をしたつもりです。ほんの一、二度で、それも及ばずながらですが。自分の心の奥底からの感情のこもった言葉で、小泉さんのやってきた改革が成果につながるよう少しだけ働かせてもらいました。一生忘れられないですね。

——福田さんの良さはなんですかね。

上月　福田さんの良さは、また全然違う切れ味ですね。問題が出てきたときに、その問題の構造から入っていく。それは、民間の感覚なんでしょうね。この問題はこれこれこういうことだから、こういうふうな切り口があってとか、それぞれいつまでに何をやらなきゃいけないですねとかっていうのを、ホワイトボードに書き出す。彼のことを「福田教授」と呼んで、「福田教授の講義だなぁ」なんて言って、みんな、笑っていました。ときどき、難しくてわからないことがありましたけど、彼も本当に頭いいですね。

問題の構造分析というか、問題の捉え方と、それの解決に至るまでのマップを描く、そういう福田さんの力は、今まであんまり見たことないです。役人を長くやってきて、頭のいい人もいっぱいいたけど、ああいう人はあんまりいなかったですね。局地戦じゃなくて、まず全体を示す能力がすごく高いんです。とても新鮮だったし、毎回感動してました。国会議員同士で議論していても、そういうアプローチをする人はいないですね。

――たしかに、福田さんの問題解決能力は高い。スター性は別として……。

上月 スター性もありますよ。明るくて背も高いし、かっこいいですよね。僕の地元の国会報告会に声を掛けて、福田さんが来られますよと言ったら、すごい反応が良かったです。会ってもらったら、やっぱりすごい、やっぱりスター性がありますね。なので、小泉さんとはいい組み合わせだったんじゃないでしょうか。

――最初に言われた、「進次郎総理―達夫官房長官」の時代が来るかもしれませんね。

上月 来るんじゃないですか。小泉さんは十年経ったら四十六歳でしょ。今回（二〇一七年八月）の改造では大臣になってほしいとあまり思わないですよ。副大臣ならもう一度、部会長とかできるし、別の分野もできるけど、大臣になっちゃったらなかなかそうはいかないですよね。大臣はどこも本当に大変ですから、他の分野もあの勢いで勉強されて、それで大臣になってもらいたいなぁ。思うようにいかないのが政治の常かもしれないですけど。（二〇一七年六月二十六日）

農水官僚座談会

――農林水産省で当時、自民党農林部会の小泉進次郎さん、福田達夫さんらを支えた方々にお集まりいただきました。「小泉農林部会長」と聞いたとき、どんな印象でしたか？

B　前任の齋藤健農林部会長（現農水相）と同様、農政の雰囲気、流れが大きく変わると思いました。いずれ首相になるだろうと誰もが期待している将来有望な政治家が農林関係の仕事をされるというのは、農水省の職員として喜ばしいことですし、ワクワクしたというか、近くで仕事ができる機会があれば、非常に光栄だなと思いました。

D　就任された当時、環太平洋経済連携協定（ＴＰＰ）の大筋合意ができた後で荒れている状況だったんです。人気のある小泉さんですから、うまく抑えて対策を取りまとめたら、またどっかに行っちゃうのかなと最初は思っていました。でも、すごく勉強されていましたし、復興政務官のときに、相当、現場を回ってライフワークのように仕事をされていたのを見ていましたので、途中から同じ流れになるのではないかと大きな期待を感じました。

E　僕は、まず驚きました。農林部会のひな壇のど真ん中に、小泉さんという政治家が座っている姿が、想像つかなかったですね。ただ、うまく嚙み合って、いわゆる農林族じゃない小泉さんが「農業は大事だ」と発信してくだされば、とても大きなパワーになるんじゃないかなという期待もありました。

C TPPで各方面から農業の先行きを心配する声が挙がっていた中で、その閉塞感を打破してくれるのでは、という期待はありました。ただ、部会長は通常、われわれのような若手と接点があるポストじゃないです。基本的に局長などの幹部が対応するポストです。まさかその後、われわれと接点を持っていただいて、いっしょに仕事ができるとは、当時はまったく思っていませんでした。

A 僕は小泉さんが復興政務官を辞めたあと、雑巾掛けされると聞いていました。そうしたら、農林部会長。農林部会には党の重鎮も多くいらっしゃって、農業にあまり詳しくない小泉さんがどういうふうにさばくのかなと。楽しみでもあり、興味もありました。

――実際に小泉さんと仕事をしてみて、どんな印象を持ったんですか。

B まず、われわれが小泉部会長の下に集まった経緯を申し上げると、小泉部会長が二〇一五年十一月にTPP対策を取りまとめた際、さらに一年かけて、じっくり農政改革を進めていくために自民党の中に骨太PTを設置することが決まったのですが、その骨太P

Tを回すに当たり、農水省の中で一緒になって議論する若手チームをつくってほしいという小泉部会長のご依頼がきっかけでした。これを受け、二〇一六年一月に省内の各分野からしっかりとお付き合いできる人たちを集め、チームをつくった。小泉道場に放り込まれたと言うんですかね（笑）。小泉部会長のいろいろな問い掛けに対して、常に一生懸命、正面から受けて、一緒になって議論していくことになりました。人選は秘書課が行い、最終的に事務次官、官房長に決めていただいた。当初は入省十年から二十年ぐらい、若手から中堅までの総勢十六人のメンバーが集まりました。

実は事務次官や官房長からは、「小泉さんの言うとおり何でもやれ」と言われまして（笑）、決して、役所の公式見解だけを言うのではなくて、個人の自由な考えを述べて自由闊達な議論をしてこいと言われました。そこは非常にありがたかったですね。

C　われわれ、そういうのに慣れてないんです。役所の中でこう言っていいかというのを上司に確認してから、政治家の先生と話すのが基本だったんです。この勉強会はそういうのはいっさい求められず、逆に本音でしゃべらないと、小泉さんに議論に応じていただけなかった。それで、われわれも恐れることなく（笑）、自分の考えを言うようになりました。

――上司のことを気にしないで。

C　そうです。むしろ上司がわれわれのことを気にしていたようです（笑）。

D　このメンバーの間でも事前のすり合わせをしないので、小泉さんの前で違う意見を言って、それで議論することもあってという感じだったんです。

E　同じ局の者同士で議論していた（笑）。小泉さんがこういうのを勉強したい、と毎回投げかけられては、若手で議論していました。

C　そのときの質問が非常にストレート。われわれが想定しているのは、ある程度農政を知っている政治家の人の質問で、こう聞かれたら、こう答えるみたいなものが日ごろからあるんですけど、もうまったくそういうレベルじゃなくて、そもそもこんな政策が要るのかとかですね（笑）。まさにゼロベースから考えようというんですね。そういうのは非常にわれわれにとっても新鮮で、今まで考えたこともなかった。政策の根本のところから議論させられた。農水省がやっていることのそもそもの必要性を考えさせられました。

――これ、必要ないんじゃないかと。

C　それです。

D　今までの農政の当たり前は、世の中では当たり前じゃないというふうに考えてみようということをおっしゃっていました。

F　結構、早い段階で補助金は要らないという話もあってですね。補助金を獲得するために、苦労してきた身としては、どう答えていいのか（笑）。

E　そういう議論をすることはあっても、まさか農林部会長という立場の人が、補助金は必要なのかという投げ掛けをするというのはなかなか衝撃的でしたね。

C　私たちは財務省と折衝して、予算を取ってくるのに必死なんです。でも、それが農業の競争力を高めることにどうつながるんだとズバッと聞かれると、われわれも即答できないことが結構ありました。やっぱりその辺の感覚は、今までわれわれが経験したことがありませんでした。

B　先頭に立って予算を取る立場の農林部会長がゼロベースと言われるのは、非常にそれは、何ていうか、革命的ですね。

F　小泉さんが言いたかったことは、補助金という方法が最適であれば否定しないが、もっと思考の幅を広げて、さまざまな政策ツールの可能性を考えていくべきじゃないのかということだったと思うんですよね。

――勉強会を重ねていって、小泉さんの成長のスピードって、どうでしたか。

B　非常にすごいスピードで農業のことや政策の中身を吸収されていました。ほんと勘がいいというか……。大事なところをちゃんとすぐに見抜かれて、そこをさらに突いていくという感じでした。それはご本人の才能というか、資質だと思います。

E　あと、いろんな方に話を聞かれていますよね。ある日突然、ビシッとした指摘が出てくるんですが、きっと幅広い人からお話を聞かれてのことなんだろうなというのは、節々に感じました。

D　頭の中で、「小泉曼荼羅」みたいなのがあるイメージなんです。いろいろつなげて考えられているなと。農協の事業と新規就農者がどう関係するかとかです。だから質問がすごい。突然飛ぶんですけども、自分たちと違う発想で大変勉強になりました。

F　小泉さんには情報がいろんなところから入ってくるので、その中から、目玉になりそうなものとか、インパクトがありそうなものを取捨選択するのがすごく上手で、その勘はすごいと思います。

C　才能や資質に加えて、非常に努力家的なところがあって、われわれの勉強会も結構三時間とかやると、だんだん眠くなってくるようなときもあるんですけど、そういうとき小泉さんは突然立ち上がって、寝ないように努力されながら、われわれの話を聞こうとされていた。とにかく、寝ているのを見たことない。

Ａ　人の話をすごくよく聞かれるんです。普通、なんか聞き流したりすることもあるじゃないですか。だけど、ずっと聞いていて、要領良くポイントを整理しながら覚えている。それで、自分のものにして、さっき人から聞いたばっかりの話でも、自分自身の言葉のようにしてしゃべったりする。消化するのがすごく速く、ポイントを押さえて、自分のものにしてしまうみたいなところがあります。加えて、部会長だから、いろんな方が面会に来るんです。少しでも自分に得られるものがあるんじゃないか、みたいな感じで聞いているように思います。アンテナを高くして、聞いているような気がします。

Ｃ　あなたとしては何がやりたいのみたいな、そういう聞かれ方をしますね。だから自分で考えを持っていないと、言えないんです。われわれの日ごろの業務にないんですけど（笑）、自分自身の考えをズバッと聞かれます。だから、だいぶトレーニングされて。

突破力、発信力があって毎週、議論したことが形になると思えた

――小泉さんのご下問に答えるときは、課長の了解を取るんですか。

Ａ　ケース・バイ・ケース（笑）。

C　基本的にもう自分の考えで勝負しないとダメですね。上司と相談していたら、時間がかかってしまうので、もう私案の段階で持っていくしかないですね。

E　役所の幹部の中には自分たちが与り知らぬところで、若手が農林部会長という立場の方と、何か話しているんじゃないかということで、正直言うと、内心、「ン？」と思っているような雰囲気を感じることもありました（笑）。

D　実際、小泉さんも、私たちが話したことを私見だととらえてくださって、この二年間、決して役所の誰がどういう意見だと話すことはありませんでした。

――皆さんの心理の中で、この人はいずれ首相になる、そういう人に自分たちの仕事を理解してほしいという気持ちはありましたか。

B　それは正直ありました。

A　将来のことはともあれ、訴えかける力、発信力が抜群にすごいんです。彼が聴衆の前でしゃべるとすごく説得力があります。農水省って、ほかの省に比べて守りの役所みたいに思われています。そういうところで、世間に農政、農業をわかってもらうためには、部会長の発信力は大変ありがたかったです。部会長が就任されてからの二年弱で、農業とか農政が、一般紙にこんなに取り上げられたことは過去にありませんでした。週刊誌にも取り上げられました。批判もいっぱい受けているんですけども、注目されているということですから、それは農水省で働く人間としてはありがたかったです。今までは頑張って仕事をしても、誰からも評価されていないというか、地道な仕事というイメージが強かった。

D　私の場合、今の政策を理解してもらうところから一歩進んで、新たな政策をほんとに実現してくださりそうだなというふうに思えて、それが一番のモチベーションでした。突破力、発信力があって毎週、議論したことが形になると思えた。

E　小泉さんはえらくなる人なので、最初にわれわれが信頼を得られなかったら、農水省はダメだと遠ざかっていってしまうと思った。そこはすごくプレッシャーを感じました。

日本農業の二〇五〇年のあるべき姿を考える

――皆さんにとって、モチベーションの大きな要因は実行力、実現力ですか。

C　実行力ですね。それと、小泉さんはたぶんあと二十年、三十年ぐらいは、この業界におられるじゃないですか。そういう方に農政のことをきちんとご理解いただいて、日本の農業のために政策をつくっていただく。その第一歩がこの機会だと思ったので、非常に責任を感じました。二〇五〇年の農業を考えようと言われて、最初は突拍子もないことを言うなと思った（笑）。二〇五〇年なんて、われわれなんかもう七十とか八十とかになってます。でも、おそらく小泉さんはまだ現役の政治家でおられるでしょう。今までそういう話があっても、真剣に考えたことなかったんですけど、小泉さんが言うのであれば、真面目に考えないと、将来に責任を果たせないなと。そういう感じになりました。

B　そういう意味では、部会長と議論したことは長期的に見て実現できるだろうと思いますし、また短期的に見ても、現政権の官邸とも近いということを考えると、今年の直近の施策についても、小泉部会長が「良し」と言えば、実現してしまうだろうと思いますね。ですから、部会長がこれでいいよと言ってくれれば、だいたい物事が進むというような安心感がありました。

それから「日本農業の二〇五〇年のあるべき姿を考える」といった、テーマ設定が絶妙でした。そのような課題設定は、私たちが納得できるものでしたし、どんなに時間や労力をかけても、検討や作業をすることに価値があると思えました。本当に日本の農業を守るためには、「守り」ではなく、「変えなければいけない」「変わらなければいけない」という思いになりました。

D　もし組織を背負った意見だったとすれば、こういう議論もなかったんじゃないかなと思うんです。ほんとに自分たちで考えて、データも揃えて、意見交換をしていました。

C　われわれも二十年近くやってきているので、やっぱり組織人としての対応が染み付いちゃっているところが最初、あったんですけど、小泉さんとの議論で、そういう殻を破ることができたと思います。守りの議論をしても全然、相手にされませんから（笑）。

D　小泉さんは、政治が変わらなきゃいけないとおっしゃった。農政を変えるには、政治も変わるべきだ、現場も変わるべきだと言って、たぶんわれわれも変わっていったんだろうと思います。僕ら、「小泉イズム」みたいなのを植えつけられたのかな。

E　これからはその「小泉イズム」を増殖させなきゃいけない。

ゼロベースと大きな絵

――福田達夫さんはどうでしたか。幹部会での様子は？

C　福田さんはとてもデータを重視されて、まずはデータを揃えてと指摘をいただくんですが、それがなかなかできなくて……。

D　たとえば、二〇五〇年まで推計したデータは、人口はありますけど、農水省で農業者の数はないんです。僕ら、もともと十年後を見据えて五年後の計画を作っている。そういう中にあって、二〇五〇年の姿なくして、議論できないとおっしゃられるものですから。さあ、どうしようとなり、結局、PTでは、少し前提条件を置き換えて期間を延ばした試算で議論していただきました。

――達夫さんは細かすぎませんか？

E　私が驚いたのは、福田さんがまずものすごく大きな構図から入る点でした。農産物の輸出の議論をするにも、外交とか、安全保障上の位置付けから入るんです。役所では農業者の所得向上の観点から輸出を考えることはあっても、国家外交の観点から農産物の輸出を考えたことはなかったので、最初は戸惑いましたけど、確かに、そこから考えていくことも必要だなと思ったんです。小泉さんと福田さん、アプローチはそれぞれに異なるんですけど、それぞれ両方ともわが省にはあまり馴染みのなかった発想、アプローチで、それぞれにおもしろい。

――二人のアプローチの違いはどういうところですか。

A　小泉さんは現状がおかしいと思ったら、取りあえず現状を前提とはせずにゼロベースで考える。つまり壊しちゃう。福田さんはなんか大きな絵から入る。ほんとは小さな話なんですけど、大きな絵の中に位置づけて議論していくような。

E　福田さんは常にホワイトボードに絵を描きながら議論する。でも、部会長はやっぱり一点突破。これはどうなの、おかしいんじゃないの、というところから切り込んで、きみたち、もっと今までの考えを前提にせずに考えたほうがいいよと言われる。

F　福田さんの理詰めというのは確かにそうかもしれない。データからこうで、こうで、こうで、だからこうでしょという詰め方をする。一方で小泉さんは直感的にここがおかしいと。

E　その両方についていくって大変（笑）。しかもそれぞれが激しい。

B　小泉さんは現場の人の声をちゃんと聞いている。現場の声を聞いて、あ！　こうしたほうがいいんだなっていう、確信を持ったときに、この方向に進むぞと号令をかける。はじめはすべての農家が対象とはならないかもしれないけれども、日本の農業の成長産業化につながるような取り組みに挑戦し、努力する農家をまず応援して、一点突破を図り、その後、横展開するというスタイルで仕事をされる。そして、プラス直感も大事にされる。

D　でも、二人の結論はそんなに違うところに行かない（笑）。

F　ただ、大変でした。福田さんは最初、言われていることが全然理解できない（笑）。商社の感覚と農水省的な発想が、今思えば、相当なギャップがあったのかなと思います。一年以上いっしょに仕事して、今はそこまでのギャップは感じませんが、最初はメモが取れなかったです（笑）。

A　早口で、しゃべる言葉がなんかわれわれが普段使う言葉ではないんですね。横文字が入ってくるし。ところどころじゃなくて、結構入ったよね。

D　頭の回転が速すぎるんです。ホワイトボードがあって、ほんと助かりました。金曜日の朝の幹部会のときは、「福田教授」の時間が始まると、前に出てこられて、自分で話しながら、ホワイトボードに書く。いつ、誰から何をヒアリングするかということだったり、関係図だったり、そういうのを書かれるんですけど、あれを見ると、あ！　なるほどなって思えて、みんなの頭の整理に役立っていました。

E　国会議員が自分でホワイトボードにものを書くのを初めて見ました。あと、ビックリしたのは、福田さんが、「この会議室、ホワイトボードないね」って言った。今までの農林関係の会議だったら、議員が「ホワイトボードをどこからか調達して持ってこい」と言っていたはずが、「ホワイトボードのある会議室に、みんなで移動しましょう」って言って、小泉部会長らみんなで移動して行った。それを見ていた事務局の人たちが、「農林議員も変わりましたね」って言っていたのが印象的でした。

D　作る資料も、だいぶ変わりました。うちはよく紙芝居スタイルと言って、下に二個ぐらいデータがあって上に文章があって、読むとなんか説明ができるもの。しかし、部会長は、対外的に打ち出すときはそういう資料じゃない、情報量が多すぎると、いつもおっしゃっていた。

A　役所の資料は字が多いからね。字が多い資料を読んでも、相手に伝わらないんですよね。もっと端的にわかりやすい資料にしないと。

D　事実関係だけじゃなくて、ちゃんとメッセージが伝わるようにしないといけないと、小泉さんはすごくおっしゃっているんです。役人が政治家に議論してもらうための材料を提供するつもりで資料を作ると、小泉さんはそうじゃなくて、ちゃんとメッセージのある資料じゃないと、とおっしゃって、ここで、こういうデータを加えて、ここまで言えないのかという話をされていた。そういうところも新しいお付き合いの仕方だったと思います。

私たちの家族も含めて、引き込まれたなという感じですね

――小泉さんは、意外と気配りしませんか。

B　それ、すごいです（笑）。

A　かなり気配りをされますね。貰い物をわれわれにおすそわけするとか。

F　海軍カレーをいただきました（笑）。

A　そう。海軍カレーとかりんとう饅頭。なんか横須賀の名物らしいですね。

B　確かに気配りはすごいなと思いますね。役所側でたくさんの資料を作ったんですけれども、その多くは各課の担当の若手職員が苦労して作ったわけです。小泉さんは彼らのことを気にかけていて、資料を作った課の若手職員に差し入れを持ってこられたり、若手職員を議員会館の事務所に招いて、そこでランチを振る舞いながら、資料作りの苦労話を聞かれた。そういうねぎらいをしてくれるんですね。若手職員も感激していました。

――小泉さんと昼飯を一緒に食ったというだけで、家に帰って話題にできる。

D　ほんとそうですね。毎週土曜日、出勤するわけです。普通、家族はもうふざけるな

という感じになりますが、まったくならない。家族から「きょうは何？」って聞かれて、「小泉さん」と答えると、「ハイ、いってらっしゃい」と送り出される。ちゃんと海軍カレーを持って帰る。私たちの家族も含めて、引き込まれたなという感じですね（笑）。

F　小泉さんにはこの人のためにやりたい、力になりたいというのを、なんか思わせる力があるんだと思いますけどね。

E　確かに「ありがとう」とか言われると、「おお」ってなって、苦労が吹き飛んで、うれしさだけが記憶に残っちゃう。

——小泉さんと福田さんはおもしろい取り合わせだよね、あの二人。

A　いや、ほんとに。まったく似ていないのが良かったかもしれないですね。

B　それから、齋藤健さんが直前の部会長をされたことも大きかった。もともと農林族じゃありませんでしたからいろいろと苦労されたそうです。それでも二年やられたので、部会も役所も徐々に雰囲気が変わってきた。いきなり小泉さんが農林部会長だと、相当な軋轢があったと思います。

齋藤さんが農協改革や森林環境税の検討など大きな仕事をこなしながら、改革の道筋を切り開いた。それも今に至る大事なプロセスだったんじゃないかと。

骨太PTの議論に参加した農林水産省の若手チームメンバー（2017年10月現在、入省年次順、カッコ内は参加時の肩書き）

石田大喜	経営局就農・女性課経営体育成支援室長（経営局就農・女性課総括課長補佐）
長野麻子	大臣官房広報評価課長（大臣官房広報評価課報道室長）
山里直志	復興庁参事官（大臣官房政策課調査官）
横田美香	食料産業局食品製造課食品企業行動室長
河嶋正敏	農林水産大臣秘書官（大臣官房政策課調査官）
久保牧衣子	食料産業局輸出促進課課長補佐（食料産業局食文化・市場開拓課食文化専門官）
木村崇之	大臣官房政策課上席企画官（経営局経営政策課経営専門官）
尾原博志	農林水産大臣政務官秘書官（生産局畜産部飼料課畜産専門官）
山本貴則	農林水産副大臣秘書官（大臣官房政策課企画官）
金子宜正	大臣官房文書課課長補佐（政策統括官付地域作物課課長補佐）
齊賀大昌	生産局技術普及課課長補佐
縄田智子	生産局農業環境対策課課長補佐（消費・安全局消費者行政課課長補佐）
神林悠介	復興庁参事官補佐（大臣官房予算課企画官）
日坂　実	食料産業局食品製造課課長補佐（政策統括官付農産企画課課長補佐）
伊藤里香子	山形県農林水産部農政企画課長（食料産業局知的財産課課長補佐）
平田裕祐	在ニュージーランド日本国大使館一等書記官（生産局畜産部畜産企画課畜産専門官）
朝日健介	在フランス日本国大使館一等書記官（水産庁漁政部漁業保険管理官補佐）
川合陽介	馬路村役場地方創生課長（林野庁林政部企画課企画第1班企画第2係長）

第8章　あなたの欠点はここだ

小泉進次郎と福田達夫の対談の最後は、私がそれぞれ別に話を聞くことにした。お互い、面と向かって言いづらいことがあるかもしれないと思ったからだ。

その予想は当たった。二人は互いの短所をズバリと指摘した。

小泉が指摘した福田の欠点は「早口」だった。私も同じ印象を持った。この対談はICレコーダーに録音して、専門の方に渡して起こしてもらった。それを元に原稿にしたのだが、専門家ですら聞き取れない箇所があった。福田本人にもう一度確認して原稿にしたが、難儀したのは否めない。また、福田の言い回しも難解だ。

それに対して、小泉は頭に浮かんだことを話す際に、「いかに枝葉を切るかということを常に考えている」と話した。私はテレビに出演する機会に恵まれ、国会議員ともごいっしょすることがある。国会議員はたいてい、身を乗り出し、先を争うようにして長く話す。長く話せば、自分の考えがそれだけ視聴者に伝わると思っているようだ。

それは、大きな間違いだ。視聴者はそんなに長く話を聞いてくれない。私は自分の発言が三十～四十秒以内に収まるように心掛けている。できれば、十秒以内がいい。小泉純一郎の首相時代、印象に残った言葉の時間を計ったら十秒以内だった。たとえば、二〇〇一年五月二十七日、小泉は大相撲夏場所で優勝した横綱貴乃花に総理大臣杯を授与した際、

「痛みに耐えてよく頑張った。感動した。おめでとう」と言った。所要時間は五、六秒だ。

小泉は「ワン・フレーズ・ポリティクス」と揶揄された。だが、彼の言葉は国民の胸に突き刺さった。政治家は自分の言葉が国民に伝わっているかどうかをよく考えた方が良い。長く話せば伝わるというものでは決してない。

福田は小泉の欠点として、下積みの苦労をしていないこと、仲間づくりが遅れていることの二つを挙げた。これにも、私は同感だ。また、テレビや新聞で伝えられる小泉の姿は好印象を与えている。それゆえに、小泉の人気は依然として高い。しかし、完璧と言えるパフォーマンスの裏には、こんな日々があるという。

「ランニングマシーンの上を走ってるみたいな感じで、最初、このスピードじゃ転げ落ちちゃうという途轍もないスピードの上に乗るんだけど、気づくとそのスピードが普通のスピードに変わっている瞬間というのが来るんです。そう思ったら、またスピード上げる」

隠れたこんな努力の上に、今の小泉像が成り立っているとしたら、その生き方は壮絶というほかない。小泉は少し肩の力を抜いて、仲間と無駄な時間を過ごすようにした方がいいのではないか。そんな思いにも駆られた。

小泉進次郎から福田達夫へ

——小泉さんは人気者ですけど、他人からのジェラシーを感じるときはありますか。

小泉　ジェラシーというのは正確ではなくて、表面には出さない、見る目の厳しさというのかな。腹の底では相当厳しい評価をされてるんだろうなと思っています。他の人なら評価されるぐらいの結果を出しても、絶対に評価されない立場なんだろうなっていう自覚はありますね。八十点で頑張ったねと言われることは決してなく、百二十点取って初めて、まあ、褒めてやってもいいかっていう立場なんだろうと。じゃないと、次のチャンスが与えられないだろうなって。

——厳しいですね。

小泉　野党時代の自民党で、国会の衆議院予算委員会にＮＨＫの中継が入るときに質問に立つのは、いわば花形じゃないですか。そういう機会に質問に立つのは、ものすごく光栄なことだし、誰でも立てる場じゃない。そこに僕は何度も立ってるんですよね。ただ、自分から手を挙げたことは一度もないんです。やれと言われたときにやっていましたけど、あるとき、武部勤先生から、「進次郎君は予算委員会でＮＨＫの中継が入っているとき、何回質問した？」って言われて、「三、四回やらせていただきましたかね」って言ったら、武部さんが、「そうか。俺二十年以上国会議員やっていて、今度やるのが初めてだよ」と。そのことが今でも忘れられない。すいませんっていうか、武部先生は懐が深い方だから、嫌味で言ったわけじゃないんですよ。しかし、それぐらいのものだから、ぐうの音も出させない結果を出さなければ、なんであいつにやらせたんだ、俺がやりたかったのに、と言われる。一回一回の機会にかける覚悟は今でもそうです。今だって結局はいい結果を出したって誰も褒めてくれない、失敗したときだけ言われるという立場。常にその意識です。

――他の議員はインタビューで、「小泉さんはものすごい努力家だ」と口をそろえていました。小泉さんは何時ごろに寝て、朝何時ごろ起きてるんですか。

小泉　農林部会長になってからは基本午前八時から部会ですから、それに間に合う時間に起きます。夜は遅いですね。寝るのが午前二時、三時……。四時になるときもある。部会長って部会を開くまでの仕事がすごいんですよ。政治の世界は会議の場が勝負ではなくて、会議までが勝負という部分があるじゃないですか。

根回しをして、そのときまでに仕込んで、徹底した電話かけと同時に、自分もインプットを重ねなきゃいけない。すると、どこで自分が使える時間をひねり出すのか。シンプルに考えると、寝る時間をなくすことなんですよね。でも、努力家というわけじゃないんです。それだけやらないと生きていけないぐらい必死なだけ。もっと能力があったら、器用にさばいていると思う。だけど僕は器用ではないから、全力で自分の持っている能力をすべて出さないと、目の前の課題を処理できない。

――日々、つま先立って走っているような感覚ですか。

小泉　そうですね。ランニングマシーンの上を走ってるみたいな感じです。最初、このスピードじゃ転げ落ちちゃうという途轍もないスピードの上に乗るんだけど、気づくとそのスピードが普通のスピードに変わっている瞬間というのが来るんです。そう思ったら、またスピードを上げる。またついていけない。でもそのスピードでずっと走り続けていると、これが普通だなって思えてくる感覚がまた来る。そうやってどんどん、自分の限界値を上げている。それがこの八年ですね。

――議員は人と会うのが大事な仕事。とりわけ農林部会長だと、いろんな人に会って説明して理解を得るという根回しもなきゃいけない。それを省きたい心境にはならなかったのですか。

小泉　特に農林部会の世界は、そこを省いたら何も進まないと思いました。今だから言うけど、実は最初に、僕は知識を詰め込むことを諦めたんです。それで戦ったら、絶対にかなわないと思った。今まで何十年間も農林だけをやってきた先生方がいっぱいいる世界なんです。農林部会長になったからといって知識を詰め込んで、その差を埋められるかといったら、無理だと思った。諦める勇気が必要な世界だと思ったんです。俺が戦うべきはそこじゃない。知ってるって顔をしたら絶対ダメだと。

僕は青臭いかもしれない、だけど思いはここなんです、方向性としてここに持っていきたいんです、先生方から見たら、何を甘っちょろいこと言ってるんだって思うかもしれないけど、僕がやりたいのはこういうことなんです――そう言って、少しでも協力してもらうために絶対に省いてはいけないのは根回しだと思いました。「俺は聞いてない」ということを絶対に言わせてはいけない。

――「俺は聞いてない」っていうのが一番強いですからね。

小泉　それを言われちゃうともう挽回のしようがないじゃないですか。ここに一番力入れましたね。それでもまだ不十分なところはあったと思います。ああ、そうか、そこにもか、と思うときもいっぱいあった。

——メディアの報道ぶりについて、どう思われていますか？

小泉　こども保険を含めた社会保障改革の中で、消費税の扱いをどうするか。今でもおかしいと思うのは、社説読んでもわかるけど、新聞社は全紙、消費増税賛成なんですよ。今回こども保険に対していくつかの新聞が、「消費増税から逃げるな。むしろ一一％以降の話から逃げるな」というようなかたちでこども保険のことを批判した。

僕はそれを見たときに、よくそういうこと言えるなと思ったんです。一〇％以降、新聞には軽減税率が適用される。自分たちは負担しないのに「そこから逃げるな」って、いったいどんな理屈だと。むしろ「軽減税率適用は返上します。だから政治はそこから逃げるな」というのであれば、筋が通る。しかも消費増税に賛成と言いながら、いざ社会保障改革で切り込もうって言ったら、「高齢者の暮らしますます厳しく」と書き、切り込み不足な場合は「若者のツケますます重く」。ちょっとあなた方は何が言いたいんですか、と。

——農林部会長を務め、まとめるということを覚えられたんですか。

小泉　多様な意見をまとめる中に、自分の出したい方向性をどれぐらい入れることができるかということも、学んだことの一つです。そしてもう一つは、組織を動かすということはどういうことなのか。部会長と、長が付くから対外的にはトップと見られかねないんだけど、実際は中間管理職。農林・食料戦略調査会長の西川さんという方がいて、農林部会長の僕がいて、さらに官邸がある。部会の中での様々な声に加えて、西川先生の思い、そして僕の思い、それとともに官邸や規制改革推進会議、それらを自分の脳内を階層に分けて、落としどころを常に考えていた。

あともう一つは、二〇一七年六月に横須賀市長選挙があった。組織を挙げての選挙戦を経験して、組織で戦う選挙はどうやって動かすのか、どの歯車を回すと全部が回っていくのかも勉強した。ただ全力でやっているだけじゃ動かない。押すべきボタンを探す感覚。愚直に真っすぐじゃダメなんだと。ちゃんと見極めて、そこが動けば、ががらって全部がブルドーザーのように動いていくという感覚を学ばせてもらいました。

早口だね（笑）。これは本人も自覚されてると思うし、今までいっぱいいろんな人から言われてるはずだけど、もったいない。あと難しい（笑）。言葉とかもね。

――福田さんの評価が高いことは十分知った上で、ここを補正すれば福田達夫という議員はもっと成長するんじゃないか、評価されるんじゃないかというところはありますか。

小泉　早口だね。（笑）これは本人も自覚されてると思うし、今までいっぱいいろんな人から言われてるはずだけど、もったいない。あと難しい（笑）。言葉とかもね。

僕とはそこが違う部分。僕は、いかに枝葉を切るかということを常に考えてるんです。極端なぐらい、ときにはシンプルに言うしかない。

福田さんの場合は、そうじゃないよね。福田さんはあれだけの知的なレベルの高さで、常に何か一つの事象を全体の中で最適になるかどうかということを考え、その上で判断する。マクロの発想を持ってると思う。それはすごく大事で、僕に欠けている部分を補ってくれた。ありがたい部分はいっぱいあって、いい意味で補完してくれました。

僕がずっと思うのは、達夫さんは今でも三菱商事の看板を背負っていて、その良さを政治の中で発揮することが多い気がする。むしろ、アイデンティティ、軸足はそっちなんじゃないかなって思うくらい。話を聞いてると、三菱商事愛が強いよね（笑）。

一つの物事を動かしていくときに、民間の会社でやってきたスタイル、これが身に付いているから、政治の世界の物事の動かし方に対して基本的に疑問を持ってるはず。基本が肯定ではなくて、おかしいと。それを正していって、この世界をより合理的な世界にしなければいけないと考えていて、言葉の端々にそれが出てくる。

――でも三菱商事でやられてきた仕事は1＋1が2になったけど、この世界は1＋1が2にならないですもんね。

小泉　そうなんです。ときに1＋1が5にも6にもなるのが政治の世界ですよ。この魅力というのは代えがたい。だからむしろこの世界に欠けてるところを自分は補正する、そういった一歩退いたスタンスがいいかな。

――最後にちょっとお聞きしづらいんですが、小泉さんはいつ結婚するんだろうねって常にあって、大きなお世話でしょうけど、こういう質問ってうざったいですか。

小泉　慣れましたね（笑）。セクハラ発言とかで女性議員が男性議員からこう言われたとか、いろいろ出るじゃないですか。僕は女性議員からしょっちゅう言われますよ。こども保険の話とかやってると、普通に、「まずは小泉さん、あなたが結婚してからね」。これはニュースにならないんですよね。今、うちの親父も兄貴も僕も一家揃って独身というね、これって珍しいでしょ。

――奥さんを持たれてお子さんを授かれば、また違った目で政治が見えてくるのでは？

小泉　ほんとそれは思いますよね。僕自身、子どもがほんとに好きだから、自分の子どもができたら、どれだけかわいがるんだろうなとか、それで見えてくる新しい世界、価値観、そういったこともあるというのは間違いなくわかります。だけど、その世界が見たいから子どもを持ったり結婚するのではなく、それは結果なんです。自分としてはそのときが来たらそれがあるし、来なければないんだろうし、別に独身主義者ではないということだけ言っておきます。

福田達夫から小泉進次郎へ

――議員になられて、五年目。群馬は保守王国とよく言われます。

福田　群馬県って、新しもの好きなんです。決してガチガチの保守じゃない。うちの親父は「中道主流派」というんだけど、どう考えても中道左に近い。考え方は中道左、でも仕事のスタイルは保守。中曽根康弘先生もそんな気がしてしょうがないんです。それを受け止める素地なんですね。

うちの祖父は最初の選挙、無所属で当選したあと、社会党と民主党から声がかかって、どっちに行こうか迷ったっていう人ですから。自民党が強かったんで、保守と言われてますけど、けっこう新しもの好きなんです。だからヤマダ電機とかビックカメラとか、大型家電店ってほとんど発祥は群馬県ですよ。新しいものが出るとすぐに買うかららしい。

――首相秘書官だった時代と今ではやっぱり違いますか。

福田　そりゃ全然違います。だって首相秘書官はとにかく怒られるのが仕事ですから。なってすぐに、ああ、そうか、首相秘書官って「バカヤロー」と言われる仕事なんだと。秘書官は首相の日程を管理するじゃないですか。首相の一日の時間も二十四時間しかなくて、会いたい人は山ほどいるわけですから、基本的にはご希望に沿えない仕事なんですよ。状況も政権交代へまっしぐらに坂道を転がり落ちるという局面でしたし、本人も準備がない。僕も当然準備なんかあるわけない中で入ったので、とにかく何ができるんだって考えたら、謝って回ることと、それから、飛んでくる弾を体で止めることと、あとは親父に本当のことを伝えるという、この三つかなあと思った。最初に、バカヤローと言われる仕事なんだなって割り切ったことで、すごく楽になりました。

――議員仲間からは一目置かれ、福田康夫元首相の息子という目で見られるでしょ。

福田　一つありがたいなと自覚できるのは、福田康夫の息子だからといって、いじめられたことがない。感謝しています。二世も何人かいますけど、人によっては親の因果が子に報い、というケースもあるらしい。幸い僕は親父のことで嫌な目に遭ったことはない。どちらかというと、「世話になった、いい人だった」って言っていただくことが多い。しかし、同期からは最初、「なんか取っつきにくかった」と言われました。

――農政をはじめとして最近の報道を見てどう思いますか？

福田　報道は、現場の記者がいてキャップがいてデスクがいて、だいたいこのへんで決まる。デスクはずっと建物の中にいるわけだから、メモだけでモノを見る。メモには感情もなければ抑揚もないので、デスクは自分の頭の中でできている構造で考える。だから記者に、それに基づいたものを出してこいと言う。記者と付き合うようになってからもう二十年近くになりますけど、この二十年だけ見ても、現場の記者の文章に対する感情って、すごく減っていると思う。ICレコーダーがあって、とにかく録音を起こしてこいって言われる。「自分はこう思った」ということは、あまり主張させてもらえていないと感じるんです。それに、最近の記者は、取材対象者の顔を見ないでやってるでしょ。僕、もともと新聞記者に憧れがあったから、記者さんには思い入れがある。だからすごくかわいそうだと感じる。

それと、一つの諦めがある。大きな流れができたら、それをひっくり返すのは無理なんだというのは、これは仕方がないと思っています。うちの部会長みたいに発信力が強くて、刺さるタームが天才的に出てくる、ああいう人の場合はできるけども、われわれみたいに普通に淡々としている人間からすると、いずれ「僕があのとき言ったことは正しかった」って思ってもらえるよう行動するしかない。籠城戦をするしかない。

でも、流れって、すぐ変わるじゃないですか。嵐がワァーッと来て、次の瞬間カラッと晴れる。だから、嵐のときに何とかしのぎ、その中で何人か本当に同志になれるような人たちを見つけていくというぐらいかな。

――政治家として今後、何をやりたいですか。

福田　僕は、この国を中央集権からちゃんとした地方分権にしたい。経済の世界は、「試行錯誤をしなきゃいけない、イノベーションしなきゃいけない」という時代です。ところが行政については、一千万人単位でマネジメントができているのは国と東京都だけ。それ以外は数百万人単位ぐらいでしかマネジメントできていないわけです。七十年以内に東京に大地震が起きるというのも皆さんわかっているんだけれども、わかっていない振りしてやっている。だからその選択肢をつくるためにも、ある程度の大きさの地方自治体をつくらなければいけない。実は中小企業政策もそのためにやるんです。

中小企業は地方の仕事をつくる。かわいそうな対象じゃなくて、東京の大企業と同じレベルで様々な議論ができる、「稼ぎの種をつくる中小企業」をつくった上で、その中小企業者群をちゃんとマネジメントする最適な行政体にならなきゃいけない。

そこで働く人が、どうすれば豊かさをちゃんと感じられるか。今、豊かさって、カネの量じゃないと言う人たちが出てきています。今の二十代はたぶんそうなってきています。豊かさという価値基準を自分でつかみ取った上で、それに相応しい仕事をする、生き方をする。そのための選択肢を幅広く示せるものとして、中小企業があるという状態にしたいと思っている。この仕事だけは国政でしかできない。それが、僕が政治家になっていいと思えた理由ですね。なかなか難しいですけど。

「俺には友だちがいない。親父にもいなかった」って言う。でも、お父様に仲間はいっぱいいました。

――小泉さんと対談を重ね、彼の良さはずいぶん語っていただいたんですけども、ここは気を付けたほうがいいというところあります？

福田　ずばり二つ。一つはやっぱり下積みの経験がないんですよ。これはいい結果につながることもあると思います。その可能性が高いとは思います。ただ、悪い意味にも出る可能性がある。人の苦労はやっぱりわからなきゃいけない。下積みの苦労って、たぶん彼はこの二年間やってきたことが下積みだと思っているかもしれないけど、それはエリートの下積み。本当の雑巾がけは知ってたほうがいいだろうなあ。

要するに、生きることの苦しさをわからないと、これからつらいことがいっぱいあるかなとも思う。安倍首相に対する菅官房長官のような方がいれば、そこは補えるかもしれない。逆にわからないほうが、常にピカピカでいたほうがいいのかな、という気もするんですけれども、彼を本気で支える陰の人が出てくればいいなあ。

もう一つは前にも言いましたが、「俺には友だちがいない。親父にもいなかった」って言う。でも、お父様には仲間がいっぱいいました。小泉純一郎元首相は、仲間の中で温かく育った人です。森喜朗総理、小泉総理、うちの親父は「三兄弟」なんです。考えていることもやっていることも全然違うのに、でも絶対お互いを守るんですね。

小泉官邸は実は個人じゃなくて、がっちりと組織力で回していました。派閥は森総理が押さえ、そこから参院自民党を押さえていた青木幹雄先生と、武部勤幹事長が党を回し、福田康夫が官僚機構を回して、裏は飯島勲さんがやって、政策は竹中平蔵さんがつくりという、この完璧な布陣を組んで、すごいチームでやっていた。

マスコミは、個人的なリーダーシップだけで回していると思ったから、その後のリーダーにも同じものを求めている。組織って、組織力がなかったら回らない。今の安倍首相はその組織力を持っている。さっきの話と通底しますけど、仲間は絶対この世界で必要だし、特に行政組織を回すためには、間違いなく腹心の仲間が必要になってくる。これをどういうふうにつくっていけるか。

そのときに、小泉進次郎個人が本当は雑巾がけの苦労をしていると、仕えることのつらさ、苦しさがわかるようになる。たとえば、平場のJAとか全農の人たちが見張っているところで部会長が、「若手の議員に厳しい意見を言わせてほしい」って僕に言ってくる。だけど、僕、「それね、いいですけど、処遇できるんですか。言わせたあとに何かポストとか、選挙で万全の応援をして絶対に落とさせないとかできない限り、そういうことを軽々にしちゃダメですよ」と言いました。それはやっぱり皆さん怖いですから。それができて初めて、御恩と奉公ができる。ですから政策論だけで御恩と奉公はたいへんです。上月良祐さんみたいに振り切っている、覚悟が決まっている人はまた別ですけど、他の人たち、普通の人はやっぱり怖い。そういうところがわかるようになってほしい。そこの部分の何かしらの経験があれば、さらに大きな人間力を発揮するんだろうなぁ。彼は日本にとって、本当に大事な人材なので。

あとプラス１は早く結婚しろと（笑）。早く結婚して。

――本人も十分に意識しているから、あんまり言えませんけどね。

福田　だから、最近言わない。だって、かわいそうだ。でも彼に子どもができたら、もともと、ほら、親子愛の濃い家庭じゃないですか。親になるという経験を彼にほんとにしてもらったならば、ものの見方が変わると思いますよ。想像じゃやっぱりわからないところがあるから、親になるということは。そうすると、すごい厚みと温かみが出ていいだろうなあと思います。

あとがき

「全農改革で、農水省の若手がよく頑張ってくれた。私たちと農水省の人たちの話を本にしてほしい」

小泉進次郎からこんな話が持ち込まれたのは二〇一七年二月三日のことだった。埼玉県熊谷市での講演を終え、帰りのタクシーに乗ったところで携帯電話のスイッチを入れると着電の記録があり、慌てて電話をすると、出版の要請だった。

唐突だった。小泉は私の事情、意見を尋ねることもなく、ただ一方的に出版の趣旨をまくし立てた。対談を進めていくうちに、この猪突猛進こそ、小泉の行動力の表れだと知ることになるが、私はとりあえず、「ちょっと待ってください。まず、ゆっくり話を聞かせてください。後日うかがいます」と言って電話を切った。

正直言って、困ったなと思った。日常の取材、テレビ出演、講演など、目の前の仕事を処理するのに精いっぱいなのに、本を書くという負荷を自分に掛けて耐えられるか。まして農政のことは素人同然だ。

その四日後の七日、福田達夫と食事をごいっしょする約束をしていた。達夫は父親の福田康夫が首相時代に首相秘書官だった。その当時、何度も取材でお世話になった。でも、当選のお祝いをしていなかったので、二カ月ほど前に食事に誘っていた。それが偶然、この日だった。

福田と政治情勢を話すうちに、小泉のことになった。私は国会議員と話す時、他の議員と内密に進めていることを打ち明けることはめったにないが、福田と小泉の距離を慎重に計りながら、おもむろに小泉から出版を持ち掛けられたことを話した。すると、福田はあっけらかんとこう言った。

「その話、やっぱり田﨑さんに行きましたか。よろしくお願いします」

なーんだ、ご存じだったのか……。小泉と福田が農水省広報評価課報道室長（現広報評価課長）・長野麻子らと話すうちに「本を出そう」という話で盛り上がり、長野の知人の「文藝春秋」編集長・大松芳男に相談した。彼らの話し合いで、自分たちで出しても説得力がないので誰かに書いてもらおうということになって、私に白羽の矢が立ったことがわかった。

私の知らないところで物事が進んでいた。私は、福田に書けない理由を並べ立てた。

「私にとって、本を書くことは山登りに似ています。登っているとき、つらくてつらくて、こんな思いは二度としたくないと思う。たしかに苦しんだ分、出版後の達成感は大きい。でも、一昨年暮れに『安倍官邸の正体』を出版したばかりで、まだ書く意欲が湧きません」

「農政のことをよく知りませんし、それなりに忙しい。他の方に頼んではいかがですか」

こう言って、いったん断った。

その後数日、政界の次世代を担う小泉、福田の依頼をむげにするわけにはいかない、何かできないか――そう考えているうちに、それぞれの父親が総理大臣を務めたという共通点に着目し、政界エリートの彼らが自民党の中でもっとも古い体質の農林族を相手に悪戦苦闘しながら農政改革に挑む姿を描く対談の形ならできるかもしれないと思った。

そこで、二月十六日夕、衆議院第一議員会館の小泉事務所で開かれた会議で「対談の形なら……」と提案し、了承された。その後、小泉、福田から、「自分たちだけで全農改革ができたわけではない。協力していただいた議員の話も聞いてほしい」と提案があり、「二人はどう見られているか」という章を立て、官房長官・菅義偉、西川公也、江藤拓、農水大臣・齋藤健、鈴木憲和、上月良祐に、そして農水官僚の方々にも語っていただいた。

さらに、二人を別々にインタビューし、互いの欠点と政治家としての夢を語ってもらった。

小泉とは、二〇一〇年夏に、自民党の企画で対談して以来、何度も会っている。だから、彼のことをわかったつもりでいたが、福田というプリズムを通して見ることで、小泉の長所、そして短所もよく見えるようになった。菅や西川らへのインタビューで、二人に対する見方が格段に厚みを増した。

懇請されると引き受けてしまうのが私の癖だ。引き受けることによって苦しい思いを何度もするが、仕事の幅が広がり、自分の人生を豊かにした。終わってみれば、挑戦して良かったと思った。

小泉、福田は、これから大きく成長していくだろう。のちのち、彼らが二〇一七年当時はこう考えていたと振り返る本と位置づけられるならば、筆者として望外の幸せである。

最後に、出版の労をとってくださった文春新書部長の吉地真氏、「文藝春秋」編集長の大松芳男氏に心からの御礼を申し上げたい。この夏、ひたすら原稿を書いている私を見守ってくれた妻・眞由美に感謝の言葉を捧げたい。

田﨑史郎（たざき しろう）
1950年生まれ。中央大学法学部を卒業し、時事通信社に入る。大平正芳総理の番記者を皮切りに、新自由クラブ、田中派、竹下派、橋本派などを担当。2006年に解説委員長。2015年から特別解説委員。TBS『ひるおび！』、テレビ朝日『羽鳥慎一モーニングショー』、読売テレビ『ウェークアップ！ぷらす』、フジテレビ『直撃LIVEグッディ！』などでの政治解説も人気。著書に、『竹下派死闘の七十日』（文春文庫）、『梶山静六　死に顔に笑みをたたえて』（講談社）、『政治家失格—なぜ日本の政治はダメなのか』（文春新書）、『安倍官邸の正体』（講談社現代新書）など。

文春新書

1148

小泉進次郎《こいずみしんじろう》と福田達夫《ふくだたつお》

2017年（平成29年）11月20日　第1刷発行
2018年（平成30年）1月5日　第4刷発行

著者　田﨑史郎
発行者　木俣正剛
発行所　株式会社 文藝春秋

〒102-8008　東京都千代田区紀尾井町3-23
電話（03）3265-1211（代表）

印刷所　理想社
付物印刷　大日本印刷
製本所　大口製本

定価はカバーに表示してあります。
万一、落丁・乱丁の場合は小社製作部宛お送り下さい。
送料小社負担でお取替え致します。

ISBN978-4-16-661148-5